交通运输部绿色公路建设典型示范工程

小磨改扩建
绿色公路探索与实践

张国辉 徐洪磊 杨建成 刘 杰 宋桂锋 等 编著

人民交通出版社股份有限公司

北 京

内 容 提 要

本书理论与实践相结合，对二级公路改扩建为高速公路工程的绿色建设进行了理性思辨和实践总结，以"低碳集约、生态引领、节能控污、景观融合、和谐共享、创新引领"六大任务为主轴，详细阐述了改扩建工程中既有工程利用和资源集约节约措施、动植物保护和生态恢复措施、环境污染防治措施、安全措施和过程管理措施以及有关科研攻关成果。

本书可作为公路改扩建工程设计、施工、科研、建设及管理相关人员的参考用书，也可供生态学相关专业人员阅读。

图书在版编目（CIP）数据

小磨改扩建绿色公路探索与实践 / 张国辉等编著. — 北京：人民交通出版社股份有限公司，2019.12
ISBN 978-7-114-16097-4

Ⅰ.①小… Ⅱ.①张… Ⅲ.①道路工程—道路建设—研究 Ⅳ.①U41

中国版本图书馆 CIP 数据核字（2019）第 279058 号

Xiao-Mo Gaikoujian Lüse Gonglu Tansuo yu Shijian
书　　　名：小磨改扩建绿色公路探索与实践
著　作　者：张国辉　徐洪磊　杨建成　刘　杰　宋桂锋　等
责任编辑：刘永芬
责任校对：孙国靖　魏佳宁
责任印制：刘高彤
出版发行：人民交通出版社股份有限公司
地　　　址：（100011）北京市朝阳区安定门外外馆斜街 3 号
网　　　址：http://www.ccpress.com.cn
销售电话：（010）59757973
总　经　销：人民交通出版社股份有限公司发行部
经　　　销：各地新华书店
印　　　刷：北京宇星舟科技印刷有限责任公司
开　　　本：787×1092　1/16
印　　　张：11.5
字　　　数：194千
版　　　次：2019年12月　第1版
印　　　次：2019年12月　第1次印刷
书　　　号：ISBN 978-7-114-16097-4
定　　　价：92.00元

（有印刷、装订质量问题的图书由本公司负责调换）

《小磨改扩建绿色公路探索与实践》编写委员会

主　编：张国辉

副主编：徐洪磊　杨建成　刘　杰　宋桂锋

编　委：李齐丽　李大茂　龚巍巍　段孟贵　吴　睿
　　　　周爱民　杨孝文　柯　鉴　高玉健　李建龙
　　　　马　聪　王庆龙　王晓东　茶增云　关凤林
　　　　王　雄　朱高儒　沈孟龙　程逸楠　高嘉蔚

序

改革开放以来，我国公路建设实现了跨越式发展，取得了巨大成就。公路发展也逐渐从注重数量的增加进入到注重品质的提升。绿色公路理念是全行业对公路环保景观建设理念的继承和提升，是对"六个坚持 六个树立"建设理念在新时期的拓展和升华，是践行绿色交通，实现交通运输高质量发展和交通强国建设目标的重要举措。绿色公路在加强环保和注重景观的基础上，更加注重节约资源、节约能源，使建设与养护全寿命周期成本最小；更加注重驾乘人员的舒适感和愉悦感；更加注重公路建设及运营管理的质量和效率；更加注重公路的服务提升，使目标更明确，内容更丰富，使任务和措施更体现时代性、针对性和引领性。

昆磨高速公路小勐养至磨憨段改扩建工程（以下简称小磨高速公路）是2016年6月交通运输部确定的首批8个绿色公路建设典型示范工程之一。小磨高速公路作为G8511昆明至磨憨口岸的末端，是我国"昆明—曼谷国际大通道"的重要组成部分。小磨高速公路的建设，对于实现昆明至磨憨口岸全程高速化，加强我国与东盟国家联系，推进"一带一路"互联互通意义重大。该项目地处云南省西双版纳州北，地理位置处于北回归线热带北部边缘，热带季风气候特征明显，享有"植物王国""动物王国"和"绿色王国"的盛誉，并且具有独特的人文景观。原有的二级公路受建设时间早、建设费用低、养护经费不足等制约，边坡滑坡及水土流失病害严重，面临诸多的生态环境问题。改扩建工程涉及西双版纳国家自然保护区、西双版纳风景名胜区、西双版纳罗梭江鱼类州级自然保护区、南腊河国家级水产种质资源保护区等多处环境保护目标和补远江、南腊河、南养河等众多敏感水体，环境保护的任务十分艰巨。

顺应绿色公路发展大势和美丽中国建设要求，小磨高速公路紧紧把握改扩建工程特点和沿线生态环境特征，聚焦建设全国特有的"绿色雨林大道"，以"旧路新生"为主题，以"变废为宝"为原则，以"路景相宜"为目标，从低碳集约、污染防治、生态保护、景观融合、精细管理、创新驱动、品牌打造等方面入手，坚持低消耗、低排放、低污染、高效能、高效率、高效益（三低三高）发展理念，全方位进行绿色公路打造。项目紧扣改扩建工程特点，努力推进资源节约，百分之百利用既有二级公路、桥梁、隧道及民建工程，通过永临结合、隧道弃渣综合利用等方式最大限度节约土地资源。工程实践中，高度关注沿线敏感生境，贯彻生态选线，有效规避生态保护红线，坚持"宁桥不填，宁隧不挖"以实现最大限度的保护，最小程度的破坏和最大限度的恢复，切实保护沿线古树名木、热带雨林和珍稀动物；通过建设桥面径流收集系统、服务区污水处理设施和生态型声屏障，尽量减少污染排放，保护环境；大力推动太阳能、电能等清洁能源使用，切实强化节能减排；结合沿线视觉空间的驾驶感受，因地制宜地开展景观设计，努力提升服务质量。项目建设做到了高起点、严要求，积极探索，不断创新，实践探索理论，理论指导实践，为我国绿色公路建设理念的丰富贡献了可行的方案。编写组在认真总结、精心提炼小磨高速公路绿色建设理念和工程经验的基础上，经多次研讨修改和完善，编写了《小磨改扩建绿色公路探索与实践》一书。

相信本书的出版，将为行业探索改扩建公路建设绿色发展的理念创新、方法创新、技术创新提供经验借鉴和有益的样板，对于夯实绿色公路理论基础、丰富绿色公路建设技术和经验、探索改扩建工程绿色升级路径等均具有重要的参考价值。

2019年9月

前　言

2017年9月28日，在美丽神秘的云南西双版纳热带雨林，小勐养至磨憨高速公路（以下简称小磨高速公路）建成通车，这标志着我国西南地区连通东南亚的昆曼国际大通道国内段已经全线实现高速化。

2015年1月习近平总书记考察云南，明确提出云南要"努力成为我国民族团结进步示范区、生态文明建设排头兵、面向南亚东南亚辐射中心"[①]，为云南发展指出了路径与原则，标志着生态文明成为云南社会经济发展的必要路径。小磨高速公路改扩建项目区域位置重要、环境敏感，地处中国—中南半岛国际经济合作陆上运输大通道，而且是我国生物多样性最丰富的地区，践行国家生态文明的绿色发展战略责无旁贷。2016年6月，此项目被交通运输部列入首批"绿色公路建设典型示范工程"，同时也是3批33条绿色公路建设典型示范工程中唯一利用既有单幅公路进行改造扩建的示范工程，具有极强的代表性和辨识度，将产生广泛深远的影响。

小磨高速公路起于小勐养镇银河枢纽立交，止于磨憨边境口岸，总里程167km。全线采用双向四车道高速公路标准建设，设计速度80km/h。整体式路基宽度24.5m；分离式路基中新建一幅路基宽度12.25m，利用现有二级公路作为一幅路基宽度维持12m。勐仑互通立交连接线采用一级公路标准建设，菜阳河至勐宽辅道恢复工程采用三级公路标准建设。

---

① 张帆，徐元锋. 按下快进键跑出加速度，云南打开跨越发展"时间窗"[N]. 人民日报，2016-3-27（1）.

作为全国唯一的"改扩建绿色雨林大道"的项目，是对思小高速公路、小磨公路和大丽高速公路工匠精神的传承，以既有工程利用和废旧资源回用为抓手，重点展示"旧路新生、变废为宝、路景相宜"三大品质，秉承"生态引领、低碳集约、景观融合、服务共享、智慧创新"五大理念，最大限度地将公路工程融入热带雨林景观，开启绿色高速公路建设新征程。

自驾在小磨高速公路上，犹如畅游在画卷之中，目光所及都是山峦叠嶂、林海莽莽、绿水蜿蜒以及错落其间的村村寨寨，享受着山回路转、绿树遮天、潺潺流水的自然美景，真希望这条路没有终点！

本书的编写，得到了云南省交通运输厅、云南省交通投资建设集团有限公司、交通运输部规划研究院、云南交投集团公路建设有限公司、交通运输部公路科学研究院、云南省交通规划设计研究院有限公司、中交第一公路勘察设计研究院有限公司、人民交通出版社股份有限公司等诸多单位和专家的大力支持。同时，本书在编写中参考了许多专家、学者的研究成果，还得到了云南狄尼环境科技有限公司等单位人员的大力配合，在此一并表示诚挚感谢。

由于作者水平有限，书中难免存在不足和疏漏，敬请同行及广大读者批评指正。

作　者

2019 年 9 月

目 录

第 1 章　时代呼唤　历史使命 ··· 1
   1.1　生态文明建设 ·· 1
   1.2　美丽中国愿景 ·· 2
   1.3　交通强国蓝图 ·· 2
   1.4　绿色交通构架 ·· 3
   1.5　先进理念探析 ·· 4
   1.6　工匠精神传承 ·· 7

第 2 章　凝聚思路　展现愿景 ··· 11
   2.1　支撑条件　得天独厚 ·· 11
   2.2　理念先进　科学引领 ·· 15
   2.3　主线明确　任务清晰 ·· 16

第 3 章　低碳集约　旧路新生 ··· 22
   3.1　廊道与道路的集约利用 ··· 22
   3.2　既有桥梁与隧道的利用 ··· 28
   3.3　既有房建交安设施利用 ··· 35
   3.4　土地资源节约集约利用 ··· 42
   3.5　隧道弃渣与废旧资源利用 ······································ 51

第 4 章　生态引领　人地和谐 ··· 56
   4.1　生态选线 ·· 56
   4.2　野生动物保护 ··· 60
   4.3　植物保护 ·· 65

4.4　生态边坡防护 ································· 74
　　4.5　岩石边坡生态排水 ··························· 80
　　4.6　弃土场生态复垦 ······························ 82

第 5 章　污染防治　生态实践 ·················· 85
　　5.1　水体污染防治 ································· 85
　　5.2　大气污染防治 ································· 89
　　5.3　噪声污染防治 ································· 93
　　5.4　固体废弃物循环利用 ························ 94

第 6 章　师法自然　路景相宜 ·················· 99
　　6.1　路域宏观景观打造 ··························· 99
　　6.2　重要节点景观建设 ·························· 104
　　6.3　交通与旅游融合发展 ······················· 127

第 7 章　路畅人和　社会和谐 ·················· 130
　　7.1　管理体系 ······································ 130
　　7.2　安全保障 ······································ 133
　　7.3　精细化施工管理 ····························· 137
　　7.4　生活扶贫道路 ································ 143

第 8 章　创新驱动　示范引领 ·················· 144
　　8.1　科技创新 ······································ 144
　　8.2　品牌效应 ······································ 151
　　8.3　国际示范 ······································ 152

第 9 章　绿色画卷　亮点频现 ·················· 154
　　9.1　绿之源 ··· 154
　　9.2　绿之道 ··· 156
　　9.3　绿之韵 ··· 162
　　9.4　绿之情 ··· 165
　　9.5　绿之彩 ··· 166
　　9.6　绿之语 ··· 168

结语 ··· 170

参考文献 ··· 171

绿色发展和可持续发展是当今世界的时代潮流

绿色公路建设是时代的呼唤，是历史的使命

2016年6月，小磨高速公路改扩建项目被列入全国首批"绿色公路建设典型示范工程"同时也是3批33条绿色公路建设典型示范工程中唯一的一个改扩建项目

推进小磨高速公路绿色公路建设既是压力，更是动力

第1章 时代呼唤 历史使命

1.1 生态文明建设

面对资源约束趋紧、环境污染严重、生态系统退化的严峻形势，必须树立尊重自然、顺应自然、保护自然的生态文明理念，走可持续发展道路。生态文明建设是中国特色社会主义事业的重要内容，关系人民福祉，关乎民族未来，事关"两个一百年"奋斗目标和中华民族伟大复兴中国梦的实现。党中央、国务院高度重视生态文明建设，先后出台了一系列重大决策部署，推动生态文明建设取得了重大进展和积极成效。

2017年10月18日，习近平总书记在党的十九大报告中提出，加快生态文明体制改革，建设美丽中国[①]。我们要建设的现代化是人与自然和谐共生的现代化，既要创造更多物质财富和精神财富以满足人民日益增长的美好生活需要，也要提供更多优质生态产品以满足人民日益增长的优美生态环境需要。必须坚持节约优先、保护优先、自然恢复为主的方针，形成节约资源和保护环境的空间格局、产业结构、生产方式、生活方式，还自然以宁静、和谐、美丽。

---

① 本书编写组.党的十九大报告学习辅导百问[M].北京：党建读物出版社，学习出版社，2017.10.

2018年5月，全国生态环境大会确立了习近平生态文明思想。随后，中共中央国务院印发《关于全面加强生态环境保护坚决打好污染防治攻坚战的意见》，要求坚持人与自然和谐共生、绿水青山就是金山银山、良好生态环境是最普惠民生福祉、山水林田湖草是生命共同体、用最严格制度和最严密法制保护生态环境、共谋全球生态文明建设等六大原则。

树立绿色发展理念，就必须坚持节约资源和保护环境的基本国策，坚持可持续发展，坚定走生产发展、生活富裕、生态良好的文明发展道路，加快建设资源节约型、环境友好型社会，形成人与自然和谐发展现代化建设新格局，推进美丽中国建设，为全球生态安全作出新贡献。

1.2 美丽中国愿景

党的十八大报告将生态文明建设纳入社会主义现代化建设总体布局，提出坚持节约优先、保护优先、自然恢复为主的方针，吹响了建设美丽中国的号角。实现美丽中国要贯彻创新、协调、绿色、开放、共享的发展理念，推动形成绿色发展方式和生活方式，改善环境质量，建设天蓝、地绿、水净的环境。要推进城镇留白增绿，使老百姓享有惬意生活、休闲空间，要让城市融入大自然，让居民望得见山、看得见水、记得住乡愁。要利用自然优势发展乡村旅游等特色产业，注重乡土味道，保留乡村风貌，打造美丽乡村，实现美丽经济，为老百姓留住鸟语花香、田园风光。要深入实施大气、水、土壤污染防治行动计划，还老百姓蓝天白云、繁星闪烁，清水绿岸、鱼翔浅底的景象，让老百姓吃得放心、住得安心。我国已明确提出到2035年基本实现美丽中国的目标，到本世纪中叶建成美丽中国。

1.3 交通强国蓝图

国家要强盛，交通须先行。交通驱动要素流动，带动社会进步。自古以来，交通就在中华文明绵延发展中起到重要的推动作用，京杭大运河承载和见证了数千年的历史演进，丝绸之路为中西方文明的互鉴与交融架起互联互通的桥梁，促进了沿线国家经济发展乃至社会变革。交通运输的每一次重大革新都深深影响到人类文明的进程。

交通运输是国家国民经济发展的大动脉，具有基础性、服务性、引领性、战略性属性，是兴国之器、强国之基。新中国成立以来特别是改革开放以来，我国交通运输发展取得巨大进步，实现了历史性跨越；公路成网，铁路密布，高铁飞驰，巨轮远航，飞机翱翔。我国高速铁路、公路、桥梁、港口、机场等交通运输基础设施在规模、客货运输量及周转量方面均已位居世界前列。交通科技创新不断取得突破，安全和服务水平逐步提高，治理体系不断改善，国际影响力明显增强，与世界一流水平的整体差距快速缩小，有的领域实现了领先，我国已经成为世界交通大国，为建设交通强国奠定了坚实基础。

党的十九大明确提出建设交通强国的宏伟目标，吹响了交通强国建设的号角，为未来的交通建设奠定了总的基调。交通基础设施建设具有先导作用。建设交通强国是推动经济高质量发展的重要支撑，是实现伟大复兴中国梦的必由之路，也是把握新一轮科技革命带来交通运输重大变革机遇的有效途径。在新的历史起点上建设交通强国，努力实现由交通大国向交通强国的转变，具有十分重大的意义。

1.4 绿色交通构架

"绿色发展"是一种以人为本、以发展绿色经济、全面提高人民生活水平为核心，以维护人类生存环境、合理保护资源与能源、有益于人体健康为特征的发展方式。"绿色发展"作为一种象征人与自然和谐相处、体现可持续发展理念的发展形态，包括了一系列协调人与环境的内在相互关系的思想。其中，广义的"绿色发展"概念，可以包含循环发展、低碳发展、节能减排、应对气候变化等内容。绿色发展、循环发展和低碳发展反应的基本理念和追求的总体目标是一致的，均研究人类社会发展和自然环境的相互关系，均强调对传统"高投入、高消耗、高排放"粗放式发展方式进行修正。现阶段，绿色发展需要通过政策创新、立法约束、市场机制优化、管理与服务等一系列制度体系的完善，将可持续发展理念贯彻到社会发展活动中，最终实现社会经济发展模式的绿色化转型。

交通运输是国民经济与社会发展的基础性、先导性行业和节能减排、生态环保的重要领域之一，理应为生态文明建设做出更大贡献。发展绿色交通是交通运输行业贯彻落实五大发展理念和生态文明建设的重要体现，也是交通运输行业转型升级的主攻方向之一。2014年，"四个交通"战略框架的提出和绿色交通引领地位的确立更是直接表明：大力发展绿色交通已成为提升行业发展品质、推进行业科学转型的必然途径。《交通运输"十三五"发展规划》和《加快推进绿色循环低碳交通运输发展指导意见》均要求构建绿色交通运输体系，对交通运输节能降碳、生态保护、污染防治和资源节约等提出了更高要求。

绿色交通是为了减少交通拥挤、降低污染和排放、促进社会公平、节省建设维护费用而发展的，有利于城市环境的，用多元化城市交通工具来完成社会经济活动的和谐交通系统。绿色交通是实现健康的、可持续发展的交通系统的必由之路。绿色交通的核心是资源、环境和系统的可扩展性，因此，应从发展战略的高度去认识交通系统的发展与资源和环境的关系。

1.5　先进理念探析

1.5.1　绿色公路内涵解析

改革开放以来，我国公路基础设施建设取得了巨大成就，路网规模迅速扩大，公路等级不断提高，公路交通服务经济社会的能力和水平显著提升。高速公路从无到有，建成了全球规模第一的高速公路网，基本建成了广覆盖的全国公路网，公路货运量及货物周转量世界第一，公路交通行业强力支撑了我国经济的快速发展，我国已经成为名副其实的公路交通大国。公路交通作为国民经济的基础性、服务性、引领性、战略性的产业，是国家稳增长、促改革、调结构、惠民生的重点领域。公路交通直接贴近群众生活，有效满足了个性化、差异化、多元化出行需求，在保障国防安全、促进国土开发和服务国家战略方面一直发挥着重要作用。

公路交通是"生态文明"建设和"绿色发展"战略落地不可或缺的重要领域，理应作出更大的贡献。未来，公路基础设施建设应以"创新、协调、绿色、开放、共享"五大发展理念为指引，坚持"先行、融合、共享、绿色"的方针，实现绿色和可持续健康发展。开展绿色公路建设，集约利用土地、线位、桥位等资源，落实"不破坏就是最大的保护"，是建设生态文明和实现公路与自然和谐相融的基本要求。

绿色公路是绿色交通的重要组成部分。绿色公路定义如下：

绿色公路建设是按照系统论方法，在公路全寿命期内，统筹公路建设品质、资源利用、能源耗用、污染排放、生态影响和运行效率之间的关系，统筹公路规划、设计、建设、运营、管理全过程，以最少的资源占用、最小的能源耗用、最低的污染排放、最轻的环境影响，获得最优的建设品质和最高的运行效率，实现外部刚性约束与公路内在供给之间最大限度均衡的公路建设工程。

与传统公路相比，绿色公路在内涵上有了以下三个转变：

（1）从侧重公路的功能因素、强调经济效益的传统建设思想转变为整体考虑区域经济、环境、社会综合系统的可持续发展思想。

（2）从单纯注重公路经济合理性、技术可行性的陈旧评价方法转变为综合经济、节能、环保、景观、可持续发展的多目标评价体系。

（3）绿色公路具有保护生态环境、降低能源成本、促进材料循环利用等优点，是交通行业调整结构、转变发展方式的必然选择，其建设理念从重视当前利益转变为关注长远利益，从关注代内公平拓展为统筹代际、代内公平。

1.5.2 绿色公路的特征

从哲学角度思考，绿色公路核心理念是"满足人的多元需求"，要求把"节能、高效、环保、健康"等要求贯彻到公路建设、设计、施工和运营全过程。以生态系统良性循环为基本原则，在公路规划、设计、建设、运营和养护全寿命周期里，以最大限度节约资源、提高能效、控制排放、保护环境为目标，以低消耗、低排放、低污染、高效能、高效率、高效益为特征，综合运用各种措施最大限度地为人们提供安全、健康、舒适和高效的出行服务，实现公路建设经济效益、社会效益和环境效益的有机统一，与自然和谐共生。绿色公路主要特征可归纳为"高效能、高效率、高效益"的"三高"特征，"低消耗、低排放、低污染"的"三低"特征和"全寿命，全要素，全方位"的"三全"特征。

1.5.2.1 高效能 高效率 高效益（三高）

高效能：绿色公路的整个生命周期通过综合运用各种绿色技术和措施，达到整体工作效果和服务能力的最大化。

高效率：最有效地使用自然、社会及经济资源，为绿色公路带来最大限度的利用，达到资源最优配置效率。

高效益：以最小的生态和资源代价获得可持续发展的最大利益，实现经济效益、社会效益和环境效益的有机统一，实现综合效益的最大化。

1.5.2.2 低消耗 低排放 低污染（三低）

低消耗：绿色公路具有节能、低能耗等优点，从材料使用的角度，绿色公路所采用的是可再生材料，或者是可降解材料，能进行循环利用。

低排放：绿色公路建设过程中能够对各种资源进行循环利用，少排放污染物甚至可以达到零排放。

低污染：绿色公路注重生态的平衡，是在环境承载力之内进行的，其设计和施工不能以破坏大自然、破坏地表结构、破坏生物多样性为代价。

1.5.2.3 全寿命 全要素 全方位（三全）

全寿命周期：绿色公路应坚持系统论的思想，将绿色理念与技术贯穿规划、设计、建设、运营、养护等整个寿命周期的各个阶段。

全环境要素：根据绿色公路建设目标，综合考虑各方面要素，节约资源、提高能效、控制排放、保护环境，将"节能、高效、环保、健康"的要求贯彻到公路建设设计施工全过程。

全方位控制：绿色公路除了主体工程建设运营维护要全面运用绿色理念与技术之外，还要为绿色运输、安全运营创造必要条件。

应用节能技术和清洁能源、推行废旧材料再生循环利用、推行生态环保设计、严格施工环境保护、加强运营期环境管理、实施标准化施工、提高养护便利化水平、加强绿色公路技术研究、推进建设管理信息化、推广建设管理新经验、设置多元化服务设施、丰富公路综合服务方式等。

1.6 工匠精神传承

公路建设适应经济发展是一个持续动态的过程，随着经济发展，原有的适应又被新的需求打破。小磨高速公路绿色典型示范的探索不是一蹴而就的，而是对思小高速公路、小磨公路和大丽高速公路工匠精神的传承。

1.6.1 思小高速公路绿色理念

思茅至小勐养高速公路与本项目起点衔接，也是《国家高速公路网规划》中的重庆—昆明高速公路（M51）联络线昆明—磨憨高速公路（M519）的一段和昆曼国际大通道的重要组成部分；路线全长97.7km，其中思茅市境内25.1km，西双版纳州境内72.6km，按山岭区四车道高速公路标准建设。思小高速公路是我国首条穿过热带雨林的高速公路，其蜿蜒伸展于西双版纳的热带雨林身旁，万山叠翠、郁郁葱葱，行驶于其上，仿佛在进行着一场对大自然的朝圣。经过路旁景观的设计和改造，思小高速公路已不单单是一条普通的路，而与周围景致浑然一体，成为全国首条被列为"AA"级风景区的高速公路。

思小高速公路的设计以"最大限度地保护，最小程度地损坏，最强力度地恢复"为理念，尽量保留公路沿线天然植被的一草一木，对公路沿线的珍稀植物进行挂牌保护并实行迁移。此外还将其与公路所形成的长廊式景观相配合，采用"露"和"遮"的艺术手法，弱化自然景观和公路景观"丑"的一面，张扬"美"的本质。如将路基开挖后的"残余"山坡进行圆弧化处理，保留不影响视觉美的橡胶树，树下种上灌木和草，这样就和周围的原始植被融为一体了。思小高速公路也是云南第一条基本没有石砌护坡的高速公路，引进"宽容理念"，采用埋置式排水沟，使公路自然地过渡到周边的自然环境中。

1.6.2 小磨公路绿色理念

本项目改扩建之前的小磨公路是云南第二条穿过国家级热带雨林保护区的公路。早在2004年5月11日，云南省交通部门就下发了《关于对小磨公路实施勘察设计典型示范工程活动的通知》，从组织上、理论上、设计上确立了小磨公路要按照国家交通部"典型示范工程"的标准和要求进行建设。

环保是小磨公路建设的主旋律，而且环保没有停留在一般意义的认识上，而是进行了大量创新，主要体现在：在路基工程的设计上，最大限度地减少了圬工砌体，路基的设计与绿化设计相结合，路基边坡以植物生态防护为主；在隧道设计上，要求零开挖进洞，洞门的设计自然化、民族化；桥梁工程尽量采用技术成熟的桥型结构，桥型结构选择及布孔要充分结合地形；跨径与墩高的比例关系灵活，布孔时强调跨径的一致性或变化的韵律性，桥型墩台引入美学设计；在桥、隧及交叉工程的设计上，总体布置贴近自然，尽可能地与环境相协调，与周围的山川、河流与沟谷等自然景观成比例，同时充分考虑美学效果，结构物外观要与当地建筑风格相一致，使其成为当地建筑有机的组成部分。对用地范围内地面植物和具有经济价值、观赏价值的乔灌木进行就近移栽、假植及挂牌保护。

尤其值得一提的是，小磨公路建设还将景观与绿化施工的内容同步纳入土建工程，做到早安排、早布置，将公路施工与艺术创作融为一体，恰如其分地将之与各个分项工程有机融合，使实施效果更加与周围环境相协调，与周围山川、沟谷等自然景观成为一体，进一步推动了小磨公路的艺术再创作。同时注重体现细节的精妙，如将一景一点连为整体，公路与周围环境和谐融为一体，使人工痕迹大大降低，小磨公路示范特色真正在公路与自然保护区和谐共生中得到体现。

1.6.3　大丽高速公路绿色理念

大丽高速公路，是国家"一带一路"连接南北丝绸之路的重要路段，是出滇入藏、通川的重要通道，是我国第一条通达藏区的高速公路，还是连接大理和丽江两个国际知名旅游胜地的高速公路，被誉为"最美高速公路"。项目建设总里程259.18km，建设工期4年，是云南省已通车投资规模最大、建设里程最长、参建单位最多的高速公路。

大丽高速公路的建设过程，是一个理念创新、科技创新和管理创新的过程。大丽高速公路建设指挥部坚持以"建设文化旅游公路，打造建设管理品牌"为主线，坚持"细节定成败，环保树形象，文化显亮点，服务创品牌；质量强基石，安全固保障，廉洁铸品格，稳定护大局"的理念；实现"品质优良、环境优美、干部优秀"三个目标。大丽高速公路首次在勘察、设计上引入了"公路旅游文化"的理念，首次在山区高速公路设计采用了任意3km路线平均纵坡不超3%控制指标，首次研发公路与铁路小垂距交叉软岩隧道设计施工关键技术等，积极运用科技创新提升项目建设管理水平。此外，为做好该项目工程的环境保护工作，指挥部秉承"尊重自然，敬畏自然，保护自然"的环保理念，确保了环境保护方案中各项措施的落实。以"国家环境保护生态文明工程"为目标，通过对工程环境保护措施质量、进度和投资的把控，最终把大丽高速公路建设成为"资源节约型，环境友好型"的"绿色工程"。

大丽高速公路荣获"第十五届詹天佑奖""2016—2017年度李春奖"和"云南省优质工程奖"等系列大奖，是云南省获国家级和省部级奖项最多的高速公路。大丽高速公路建设的战线长，投资大，任务繁重，但由于在建设过程中，坚持科学管理，注重环境保护，精心组织施工，最终顺利完成了任务，并积累了宝贵的经验，为建设小磨高速公路起到示范作用。大丽高速公路与小磨高速公路为同一批建设者，其工匠精神也传承至小磨高速建设全过程。

1.6.4　小磨高速公路绿色理念

小磨高速公路充分继承思小高速公路和小磨公路的绿色建设理念，把"将公路轻轻地放在雨林中，让桥梁缓缓地从大地中生长出来""水秀山绿小磨美、树青花香傣乡情"的绿色理念贯彻到项目建设全过程，坚持从实际出发，牢固树立"原始的就是最美的，不破坏就是最大的保护，最大限度地保护、最小程度地影响、最强力度地恢复"的思想，把绿色理念贯彻到设计、施工、边坡处治、隧道开挖、植被恢复等建设过程中，最大限度地保护生态，减少对原生环境及原生植物的破坏。

在隧道建设方面，全面贯彻洞口"零开挖"建设理念，实施"零开挖"方案，通过采用削竹式洞门等施工方式，减少挖方对周围环境的破坏，有效保护了山体植被和原始地貌。

在边坡治理方面，以绿色生态适用技术为基础，采用椰丝毯、废旧竹片、废旧模板、麻生片等新型生态材料，对全线边坡进行生态修复。运用绿色植物材料，包括竹篾、树干等做栅栏，对表土进行固定，使其适应于热带雨林地区的强降雨、高温高湿气候条件。

在施工期间，注重沿线古树的保护和大象通道的避让。在工程开工前，指挥部就委托中科院下属的专业植物研究保护机构，对公路正线范围内的植物进行了前期调查，详尽地登记备案，并出具了《珍稀濒危植物调查报告》，为后期的植物保护提供依据和参考。整个建设过程严格控制桥梁下部及路基边线附近树木的采伐，凡能修枝打杈施工的坚决不能砍，凡能利用中央隔离栏维护的坚决不能砍，凡能满足路宽设计的坚决不能砍，凡能调整坡比的坚决不能砍。每棵树木都挂牌，并与施工单位签订责任状，加以保护，谁砍了处罚谁。指挥部还把施工红线内的大树和一些珍贵植物，全部移栽到专设的"濒临珍稀植物保护基地"内进行培育保护；待公路施工结束后，又回移到原地或公路两侧、立交三角区、服务区内。就这样，指挥部采取线路避让、修建种植池、混凝土挡墙等保护措施，对公路沿线古树挂牌，为古树"护驾"。大象通道的避让，小磨指挥部更是想得长远，考虑得周全。小磨高速公路有2.5km 路段经过了尚勇自然保护区边缘，这里是亚洲野象群的过往通道。为了减少公路建设及后期运营对动物的惊扰，通过国内专家论证，工程采取了架桥的方式，给大象预留通道，在35处声敏感点采用设置声屏障和种植树木遮挡进行降噪；在勐腊—尚勇段则采用建设隧道下穿方式，避让了亚洲象迁徙通道，并将曼纳庄等4处隧道上方的橡胶林砍伐后恢复为天然林，以便大象通过。还在沿途种植芭蕉、棕叶芦和竹林等大象喜食作物，设置人工硝塘等来诱导大象进入，帮助大象逐渐学会利用预留通道。为此整个项目增加投入2500多万元。

通过全体参与人员的共同努力，将小磨高速公路打造成一条名副其实的热带雨林区高速公路改扩建示范路。

> 坚持良好生态环境是最普惠的民生福祉
> 打造小磨精品工程，践行绿色发展理念
> 将公路轻轻的放在雨林之中，让桥梁缓缓地从大地生长出来
> 让绿色成为小磨高速公路最亮的底色

第 2 章 凝聚思路 展现愿景

2.1 支撑条件 得天独厚

小磨高速公路是国家高速公路网 G85 银川至昆明公路的联络线 G8511 昆明至磨憨（口岸）的末段，是亚洲公路网编号为 AH3 公路中国境内最后一段，也是连接我国西南部及通向南亚、东南亚各国的公路通道，更是国家"一带一路"大通道建设的重要组成部分。

小磨高速公路位于西双版纳景洪市、勐腊县、磨憨经济开发区境内，起于小勐养镇银河枢纽立交，止于磨憨边境口岸，总里程 167km（其中尚勇至磨憨段约 9km 利用现有一级公路，实际建设里程约 156km）。全线采用双向四车道高速公路标准，设计速度 80km/h，整体式路基宽度 24.5m；分离式路基中新建一幅路基宽度 12.25m，利用现有二级公路作为一幅路基宽度维持 12m。全线按单幅计共有大桥 53751m/169 座，中桥 6790m/98 座，小桥 445m/17 座；隧道按单洞计全长 29236m/33 座，主线桥隧比为 48.9%。全线共设置互通式立交 9 处，服务区 5 处。于 2017 年 9 月 28 日顺利建成通车。

2.1.1 工程建设特点

2.1.1.1 二级改高速　以新带老难度大

该工程是全国首批绿色公路建设典型示范工程中唯一的改扩建工程，利用既有二级公路单幅公路进行改造扩建而成。小磨高速公路全长 167km，两段共 24km 是全幅新建，143km 是在既有二级公路基础上的改扩建工程，还有对原小磨公路服务区、收费站、加油站等房建设施有效利用工程。改扩建后的高速公路两幅路面时而并行、时而分离、时而交叉，呈辫状线路形势。线路有 3 段新建、7 段编织、9 段分离、10 段拓宽；整个工程方案复杂、影响因素众多，全国少见。

2.1.1.2 口岸国际路　宣传展示影响广

该项目连接面向老挝的国家级口岸——磨憨，是国家高速公路网 G85 渝昆高速联络线 G8511 昆明至磨憨口岸的末端，是连接我国中部、西南及通向南亚、东南亚各国的公路通道，也是云南省高速公路网中"七出省、四出境"公路主通道中连接东南亚、南亚国家的昆明—曼谷国际大通道。该项目是云南省实施桥头堡战略的重要支撑之一，作为口岸公路，其影响面广、宣传展示作用大。

2.1.1.3 桥高隧密　线长点多任务重

小磨高速公路位于西双版纳州景洪市、勐腊县境内，地形以中山、低山和丘陵地貌为主，沟壑众多、地形复杂、山高谷深，全线设有桥梁 57367m/281 座，隧道 30234m/35 座，形成了小磨高速公路桥高隧密的工程特点。小磨高速公路全长 167km，全线设有 5 对服务区，9 处互通，10 处收费站，线长点多，工程整体任务艰巨。

2.1.2 自然环境特征

2.1.2.1 热带雨林　气候独特

项目所处北回归线热带北部边缘，热带季风气候特征明显，年均气温在 21℃左右，终年温暖、阳光充足、热量丰富、湿润多雨，全年降水量在 1200m 以上，具有"长夏无冬、一雨成秋"的独特气候特征。依托独特的气候条件，沿线保存着北回归线沙漠带上原始风貌最完整的热带雨林，具有热带特色景观（图2.1-1）。

图2.1-1　热带雨林环境特征（来自网络）

2.1.2.2　动植物种类多　资源丰富

西双版纳享有"植物王国""动物王国"和"绿色王国"的盛誉，在全国0.2%的土地上保存着北回归线沙漠带上原始风貌最完整的热带雨林，共有植物5000多种，占全国植物总数1/6。动物具有热带特色，种类繁多，多为树栖种类和热带森林种类；有陆栖脊椎动物539种，约占全国1/4；鸟类429种，占全国1/3。保存着中国最大的野生亚洲象种群（约300头），较为集中地分布着野牛、印支虎、绿孔雀、巨蜥、蟒及仅产于此地的鼷鹿等珍稀动物（图2.1-2）。

图2.1-2　野生动物丰富（来自网络）

2.1.2.3　地形复杂　生态敏感

小磨高速公路沿线地形以中山、低山和丘陵地貌为主，沟壑众多、地形复杂，且地处热带雨林区，环境敏感点多。涉及西双版纳国家自然保护区、西双版纳风景名胜区、西双版纳罗梭江鱼类州级自然保护区、南腊河国家级水产种质资源保护区等多处环境保护目标和补远江（罗梭江）、南腊河、南养河、南醒河、南远河、南木窝河、菜阳河等众多敏感水体。由于地处热带雨林地区，还涉及野生大象等国家重点保护动物的栖息地，因此小磨高速公路的建设面临着极高的环保要求（图2.1-3）。

图 2.1-3　沿线地形地貌复杂

2.1.3　人文环境特征

西双版纳全州共有景区景点 120 多个，主要是以热带雨林为中心的自然景观和以傣族为主体的多种少数民族民俗风情，其中包括"野象谷森林公园""勐仑植物园""热带花卉园""傣族文化园""西双版纳原始森林公园""民族风情园"等 A 级以上精品景点 18 处。

西双版纳州以傣族为主的 10 多种少数民族形成并保留了独具特色的民族文化、传统习俗和生活方式。众多历史遗迹、佛塔、亭井、佛寺以及具有代表性的民居和村寨、民族节日、宗教和民族风情，构成了独特而多样的人文景观（图 2.1-4）。

图 2.1-4　西双版纳州人文环境特征

2.2 理念先进　科学引领

绿色公路秉承着国家生态文明建设的先进思想，是绿色交通战略在公路建设领域的重要体现。小磨高速公路建设过程中，一直坚持着"满怀敬畏自然之心、心系雨林环境保护"的思想，希望以最小程度的破坏，实现资源能源最大限度的利用。通过精心组织和管理，实现"将公路轻轻地放到雨林之中，让桥梁缓缓地从大地生长出来"的先进理念。

2.2.1 充分挖潜　低碳集约

低碳集约要求坚持"循环利用就是最大的节约"原则，提高资源能源利用效率，减少资源能源消耗总量和废物产生量，推进废弃物循环再生利用。

从绿色公路角度来看，改扩建工程重点就是要对既有设施最大限度地利用。合理利用既有通道资源、减少征地拆迁，充分挖掘既有服务设施、交安设施和材料的循环利用技术以及对原有公路植被做到统筹规划、合理利用。避免浪费，本身就是集约资源的一种方式，是对绿色公路建设理念的应用实践。

2.2.2 生态引领　保护优先

生态引领要求坚持"最小的破坏就是最大的保护"原则，坚持最大限度地保护、最小程度的破坏、最强力度的恢复，使工程建设顺应自然、融入自然。生态理念的前提是要摆正公路与环境的关系，认识到公路工程是环境的自然组成因子，公路作为"后来者"应充分体现对原有环境的尊重。在公路建设过程中，要把设计作为生态恢复的促进因素，摒弃先破坏、后恢复的陋习，实现环境保护与公路建设并重、公路发展与自然环境和谐。在设计阶段合理选线，按"少剥、少切、少砍、少盖、多恢复"的思路，将路线作为资源配置，避免大填大挖，充分保护自然和人文资源，使公路与其和谐共处、互为依存。

2.2.3　因地制宜　景观和谐

公路与沿线环境融为一体是绿色公路最直接的外在体现。借鉴地域植物群落的种类组成、结构特点和演替规律，对植物群落设计和地形起伏处理，构建层次多、结构复杂和功能多样的植物群落，提高自我维持、更新和发展能力，增强系统的稳定性和抗逆性，科学而艺术地再现地带性群落特征的公路路域生态景观。除此之外，因地制宜选用乡土材料、乡土植物和乡土技术，运用生态的原理和技术，经过科学的论证，将继承与发展的理念融入到公路设计中，达到尊重地域环境、体现地域特色、降低工程造价的目的，达到公路与历史人文环境的和谐统一。

2.2.4　智慧创新　服务共享

创新是公路发展的强大驱动力，要把智慧创新贯穿到公路建设的各环节，大力推进理念创新、技术创新、管理创新和制度创新；强化科技创新的引领作用，是提升公路建设品质和推进公路绿色转型的重要手段，可为公路发展注入强大的动力。小磨高速公路中，既有桥涵隧利用、路桥过渡段处置、热带雨林地区强风化岩质边坡和交通安全等现实问题都需要靠智慧创新来解决和突破。绿色公路的终级功能就是提高人的舒适性和安全性，最大限度地保障安全舒适驾驶；采取科学高效管理体系，确保各项环保措施及时到位；开发必要监测服务平台，为政府决策和公众出行提供支撑。

小磨高速公路投资规模大、施工难度高、建设周期长、项目参与方众多、管理协调复杂，对工程建设期的职业健康、安全、生态、环保管理要求非常迫切，亟须对工程建设全过程引入完善的管理体系。此外，完善的环境监测与监理体系是工程绿色节能环保的重要保障，也是提升工程服务品质的重要体现。

2.3　主线明确　任务清晰

2.3.1　聚焦一条主线

小磨高速公路在绿色公路建设过程中始终不渝地聚焦于建设全国唯一的

"改扩建绿色雨林大道"这一主线。建设任务从设计入手,是绿色公路最为重要的体现。具体的讲,从顶层设计、既有工程利用、废旧资源回用、工程融入雨林等方面聚焦"改扩建绿色雨林大道"这一主线(图2.3-1)。

图 2.3-1 一条主线

2.3.2 坚守两个原则

2.3.2.1 紧扣特点

建设方案紧紧抓住项目特点,从工程角度讲,普通二级公路改建升级为高速公路是小磨高速公路最大的特点;从环境角度讲,梦幻雨林和多样生物是小磨高速公路必须考虑的重要问题;从人文角度讲,柔情傣乡和国际通道是小磨高速公路需要重点展示的西双版纳名片。

2.3.2.2 突出亮点

方案从资源利用、生态保护、旅游景观等方面,重点打造了旅游服务区、景观互通、生态边坡等工程亮点。小磨高速公路指挥部秉承"将公路轻轻地放到雨林之中,让桥梁缓缓地从大地生长出来"的建设理念(图2.3-2),要求全体员工满怀敬畏自然之心、心系保护热带雨林环境,实现最大限度利用,争取最小程度破坏。

2.3.3 展示三重品质

小磨高速公路重点展示"旧路新生、变废为宝、路景相宜"三大品质,其中旧路新生是工程的特点,变废为宝是工程的准则,路景相宜是工程不懈的追求（图2.3-3）。既有工程利用和废旧资源回用是小磨高速公路践行绿色理念最具实效的抓手，让工程从梦幻雨林中自然生长出来，做到路景相宜是小磨高速公路建设的终极目标。

图 2.3-2 两个原则

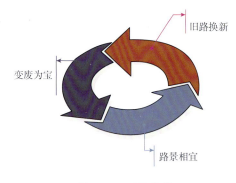

图 2.3-3 三重品质

2.3.3.1 旧路新生

小磨高速公路全线长167km，除银河立交至菜阳河路段和勐腊过境路段共24km属于全幅新建以外，其余143km均在既有二级公路的基础上进行改扩建，既有二级公路利用率为91%，实现了旧路新生。

2.3.3.2 变废为宝

通过"三级筛选"对隧道弃渣的循环利用，利用椰丝毯、废旧竹片、施工废旧模板进行边坡生态修复、把拆除后暂未确定用途的波形板、立柱、标识标牌等设施，统一收集统筹利用。

2.3.3.3 路景相宜

通过借景手法使行人领略沿线的热带风光，打造隧道景观、中央分隔带景观、边坡修复景观和服务区景观等工程。

2.3.4 建设四条走廊

项目结合沿线民族文化特点和通行需求，打造四条走廊（图2.3-4），即民族文化走廊（雨林文化、民族文化、茶马文化、边境文化、知青文化）、绿色观光走廊（热带雨林植物保护、野生动物保护、边坡防护、水环境保护）、平安和谐走廊（工程品质优质耐久、通行安全智能、促进社会和谐）、交通扶贫走廊（旅游产业开发、村寨精准扶贫、拉动全域经济）。

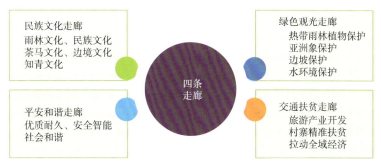

图 2.3-4 四条走廊

2.3.4.1 民族文化走廊

小磨高速公路沿线拥有代表北回归线沙漠带上原始风貌最完整的热带雨林，借助沿线的热带雨林景观，从勐远立交终点起至勐腊北（磨憨）半互通式立交打造"梦幻雨林"路段，彰显雨林文化；沿途经过基诺族、傣族等少数民族聚居地区，特别是从项目起点至勐仑立交段穿越较多的傣乡民寨，路侧途经较多的吊脚竹楼，凸显傣族风情。打造"傣乡雀舞段"，在端墙式隧道洞口、防眩板等建设中提取傣寨、民族饰品造型，运用动植物造型（如：孔雀、大象、芭蕉叶等）手法进行设计，凸显民族文化；连接已建成通车的思茅至小勐养段（其中思茅区是历史上的茶马古道南方丝绸之路的起点），打造新时期的茶马贸易通道，宣传茶马文化。

2.3.4.2 绿色观光走廊

小磨高速公路基于改扩建工程特点，百分之百利用既有二级公路、严格控制资源占用，高度重视生态环境保护，全方位推进绿色发展，在生态边坡防护、保护热带雨林植物、保护亚洲象和水域环境等方面积极打造绿色工程，实现"将高速公路轻轻地放入大自然中，让桥梁缓缓地从大自然中生长出来"的建设理念，打造一条具有热带雨林特色的绿色观光走廊。

2.3.4.3 平安和谐走廊

针对热带雨林高速公路高温、高湿、多雨、多雾的气候特征以及对交通安全的特殊需求，从保障交通安全诱导设施、防护设施、雾区安全诱导等方面出发，建设智能控制太阳能主动发光交通标志，应用高速公路无缝防护技术和低能见度行车安全诱导技术，实施安全智能工程，建设绿色预留通道，实施边坡生态修复、废弃物循环利用、桥面径流收集与处理等工程，达到边坡"零裸露"、隧道"零弃方"、污水"零排放"、洞口"零开挖"等建设目标，实现环境和谐。

2.3.4.4 交通扶贫走廊

小磨高速公路是一条奔向富裕的金光大道。一是带动沿线旅游产业开发，打通沿线多处旅游胜地和风景名胜区，并通过观景台、停车区、小型服务站、旅游信息指示与引导等游憩服务设施建设，为游客和驾乘人员提供便捷、舒适的乘车体验。通过小磨高速公路及辅道建设，使得沿线多个村寨出行方便，方便了贫困地区农产品的运输，实现精准扶贫。小磨高速公路不仅带动全域旅游发展，还盘活沿线自然人文资源，促进边境口岸贸易和新兴市场的形成。

2.3.5 推进六项任务

第一项任务——紧扣改扩建特点、努力推进资源集约。小磨高速公路作为全国33条绿色公路建设典型示范工程中唯一的改扩建项目，利用既有单幅公路进行改造扩建，最大限度利用既有道路设施，集约利用廊道资源，重点改造利用既有桥梁和房建设施，是从根源上推进绿色建设的重要手段；统筹施工安排，充分利用隧道弃渣，有效利用既有二级公路废弃波形板和立柱等交通安全设施是节约资源耗用、降低工程对环境扰动、减少污染排放的重要措施。

第二项任务——关注敏感生境、有效降低生态影响。小磨高速公路立足生态建设，以生态优先、和谐发展为指导方针，创新生态技术，积极对山体植被、野生动物、水域环境等进行生态保护，积极打造绿色工程，将绿色循环低碳理念在各方面、全过程加以落实，促进工程生态化，实现"将高速公路轻轻放地入大自然中，让桥梁缓缓地从大自然中生长出来"的建设理念。

第三项任务——关注污染排放、增强节能减排效果。针对桥面径流处理、隧道通风与污染防治、声屏障建设、清洁能源综合利用进行研究和示范，达到污水"零排放"、洞口"零开挖"等"看得见，摸得着"的切实目标。

第四项任务——立足环境特色、开展全线景观设计,助力美丽云南建设。小磨高速公路将沿线自然风光及景观特点划分形成不同区段,根据各段环境和植被规律选用与环境色彩体系、生态系统相协调的适宜植物品种,打造中央分隔带、边坡等重点工程景观,实现全面融入区域自然景观,最大限度地将公路工程融入热带雨林景观之中。

第五项任务——注重人性化管理、打造和谐社会。在小磨高速公路全寿命周期内注重管理体系的建设,建设和谐管理团队,并注重过程管理和运营管理,实现管理的人性化;通过小磨高速公路建设及改移生产生活道路,大大改善沿线区域交通条件,提升区位优势,注入新的活力。

第六项任务——推进创新驱动、强化示范引领。小磨高速公路根据改扩建工程特点,在既有桥涵隧利用、路桥过渡段处置、热带雨林地区强风化岩质边坡和交通安全等方面开展了智慧创新研究。通过创新研究和实践探索,有效解决了问题,并形成了一些指南,可为同类型工程提供示范引导(图 2.3-5)。

图 2.3-5　六项任务

实现最大限度的利用，争取最小程度的破坏

坚持绿色建设，聚焦改扩建工程，最大限度利用既有设施是节约资源耗用、降低工程对环境扰动、减少污染排放的重要手段

第3章 低碳集约 旧路新生

小磨高速公路作为改扩建工程，高度重视低碳节约，一直在坚守最大限度挖掘既有设施利用潜力、坚守既有工程利用率最大化、坚守既有设施利用安全保障、坚守严格把控既有设施改扩的程度，分别从廊道资源利用、既有设施利用、旧路交安材料利用三个层面实施低碳集约理念，使旧路新生。

3.1 廊道与道路的集约利用

3.1.1 绿色廊道选择

3.1.1.1 基本思路

小磨高速公路在工可阶段，基于绿色理念对廊道路线进行了比选。西双版纳是国家重点自然保护区之一，小勐养至磨憨区域热带雨林分布广，自然保护区是该区域路线选择的一大制约因素。结合区域内地形条件，对G213线老路、现有二级公路和澜沧江三个走廊带进行了比选。

3.1.1.2 廊道比选方案

（1）G213老路走廊带，路线起于小勐养，总体沿G213线向南布设，但

是会两次穿越勐仑国家自然保护区，环保问题敏感，予以放弃。

（2）澜沧江走廊带，起于景洪，路线沿澜沧江东岸布设，能照顾到景洪市区、橄榄坝等人口密集区，但是因为该路线需全线新建，会两次跨越澜沧江，且将占用大量耕地，会产生大量的资源占用和生态破坏，予以放弃。

（3）现有二级公路走廊带，对热带雨林及各个自然保护区干扰小，不存在再次产生新的自然保护区的分割、破坏，有利于环境保护，且利用既有道路资源，建设里程短，工程量较小，最终推荐使用二级公路走廊带。

3.1.2 线路集约利用

3.1.2.1 基本思路

针对改扩建工程的特殊性，最大限度地利用既有廊道是节约资源耗用、降低工程对环境扰动、减少污染排放的重要手段，是对绿色公路建设的深刻践行。按照"最大限度利用既有工程"的原则，从工程选线上即充分考虑在保护生态环境、兼顾经济效益的基础上最大限度利用老路既有廊道，将新建半幅线位的廊道尽量与老路廊道叠加，实现线路在廊道上的集约节约，达到了节约工程资源、降低环境扰动、减少污染排放的目的。

3.1.2.2 廊道集约方案

根据廊道集约理念，小磨高速公路在环评阶段通过方案比选最终确定推荐方案。该推荐方案全长167km，其中143km为单幅新建，24km为两幅全部新建；单幅新建部分约80%的长度为两侧新老路廊道共用，两幅新建部分全部为两侧廊道共用，共用廊道长度约138.4km。

根据对公路廊道的分析，公路两侧一定范围内为公路廊道区域，现在定义两侧廊道边界与公路边界之间的距离为A，单幅公路宽度为B（图3.1-1），在廊道不共用的情况下，两幅路的廊道总宽度为$2\times(A+B+A)=4A+2B$，如果在廊道共用的情况下，单幅路之间的两个A区域将部分重叠，重叠区域面积即为集约节约面积。根据对小磨公路沿线多处点位的加权计算，该重叠区域宽度约为5m，则沿线集约节约占地面积为138.4km×5m=69.2万m^2。

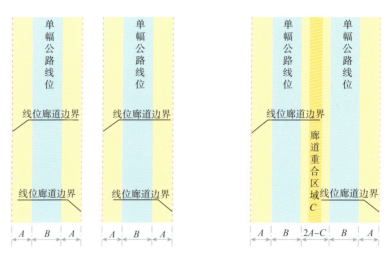

图 3.1-1　新建廊道与老路廊道分开建设示意图

3.1.3　既有道路利用

充分利用原通道资源是小磨高速公路从根源上推进绿色建设的重要手段。小磨高速公路全线长 167km，除银河立交至菜阳河路段和勐腊过境路段共 24km 全幅新建以外，143km 均是在既有二级公路的基础上进行改扩建，既有二级公路在高速路段中利用率达到 85%；余下的 24km 二级公路全部被纳入地方路网，实现既有道路 100% 利用。最大限度地利用既有桥梁和隧道对改扩建工程意义重大，不但极大地降低施工难度，也能节约成本。如原司徒老寨隧道、巴洒老寨隧道、买卖河隧道、腾蔑山隧道、勐远隧道、南贡山隧道、勐腊隧道以及雨林谷大桥等均实现了再利用（图 3.1-2）。

图 3.1-2　既有二级公路利用

3.1.3.1 既有道路利用思路

既有小磨二级公路平面上，全线既有幅共有 19 个平曲线半径小于 400m，58 个平曲线长度小于 400m，部分 S 形曲线半径比大于 2。纵面上，全线长大纵坡路段主要有 6 段（图 3.1-3、表 3.1-1）。

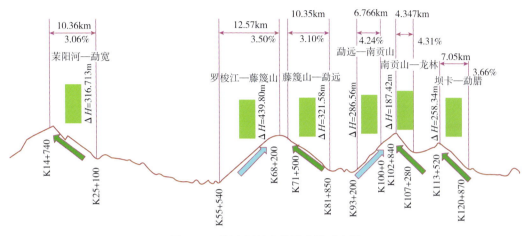

图 3.1-3 既有幅长大纵坡路段示意图

既有幅长大纵坡路段统计表　　　　表 3.1-1

路　段	高差（m）	里程（km）	平均纵坡	区　段
K14+740~K25+100	316.713	10.36	3.06%	莱阳河—勐宽
K55+540~K68+200	439.80	12.570572	3.50%	罗梭江—藤篾山段
K71+500~K81+850	321.58	10.350	3.10%	藤篾山—勐远段
K93+200~K100+000	286.56	6.766	4.24%	勐远—南贡山段
K102+840~K107+280	187.42	4.347	4.31%	南贡山—龙林段
K113+520~K120+870	258.34	7.05	3.66%	坝卡隧道—勐腊县城段

既有小磨二级公路平纵面指标与小磨高速公路新设计理念有差异，勘察设计中采用"平面分离、纵面分台、交叉换岸、扭麻花"等思路，最大限度减少新建工程对既有幅的影响与干扰，充分利用地形，使下坡幅位于靠山侧，并对不良地质采用分离式提前避让，对通过不良地质路段的已建道路，采用分离式路基进行避让，避免对已建道路边坡产生影响。设计中紧密结合地形以及老路线位，灵活运用指标，使平面"能分则分，能合则合"，减少工程规模。

3.1.3.2 既有道路利用方案

小磨二级公路改扩建以保证安全、功能主导、适度灵活、合理利用为总体设计指导思想，在确保安全的前提下最大限度利用老路资源。通过"三新、七辫、九分、十拓"的措施，将新建和既有的工程功能、通行规则与行车习惯转换衔接，在最大限度利用既有道路及廊道资源、保护生态环境的同时，确保了新建幅与沿用幅指标连续、均衡、统一。

"三新"即三段采用整幅新建。"七辫"是指 K11+464~K12+002 等 7 段采用"编辫子"方式，转换既有幅纵坡方向，将既有幅长大陡坡"改下为上"作为上坡幅，新建下坡幅，有效化解陡坡危险。"九分"是指 K13+364~K23+020 等 9 段采用分离式新建半幅。"十拓"是指 K8+840~K11+464 等 10 段采用拼宽改造，拓宽左幅或右幅，或两侧拓宽。

"七辫"的作用，是充分化解既有幅长大下坡段。将既有幅下坡路段利用为行车方向的上坡幅，对应的下坡幅需展线新建，降低下坡坡率，使既有幅路线得到充分利用。如图 3.1-4 所示，图中黄线部分为既有幅，12.5km 长，平均纵坡达 3.5%，用作上坡幅；红线部分是新建的下坡幅，为克服高差作展线处理，纵坡满足任意 3km 平均不超 3% 的要求。

图 3.1-4 既有幅下坡路段照片

3.1.3.3 既有道路路基及护栏利用方案

利用现有二级公路作为一幅路基，宽度维持 12m，既有道路标准横断面方案为 50cm 土路肩（中分带侧）+75cm 硬路肩 +2×375cm 行车道 +250cm 硬路肩 +75cm 土路肩，如图 3.1-5 所示。根据《公路交通安全设施设计细则》

(JTG/T D81—2006)中 4.5.4 条（一）中规定"路侧波形梁护栏应位于公路土路肩内，立柱外侧土路肩保护层厚度不应小于 25cm"。现行规范中 A 级护栏立柱在满足最小保护层厚度 25cm 情况下，土路肩最小宽度应为 63.1cm，SB 级护栏立柱在满足最小保护层厚度 25cm 情况下，土路肩最小宽度应为 63cm，老路改造方案中内侧土路肩宽度仅为 50cm，无法满足规范中要求的波型梁护栏立柱保护层厚度不小于 25cm 的要求。因此对于设置在小磨高速公路既有道路内侧土路肩 50cm 内的波形梁护栏立柱，应采取加强措施。

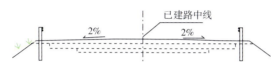

图 3.1-5 既有道路横断面（尺寸单位：cm）

（1）A 级护栏改造方案

对现有 50cm 土路肩一侧的 A 级波形梁护栏，改变护栏形式：采用 4mm 三波板（506mm×85mm×4mm）、托架（300mm×35mm×6mm）、圆管立柱（140mm×4.5mm×2200mm）组成，如图 3.1-6 所示。

（2）SB 级护栏改造方案

对中分带一侧的 SB 级三波梁护栏，护栏上部形式与原设计保持一致。由于保护层厚度仍无法满足 25cm 最小保护层厚度要求，基础位置需加强，如图 3.1-7 所示。

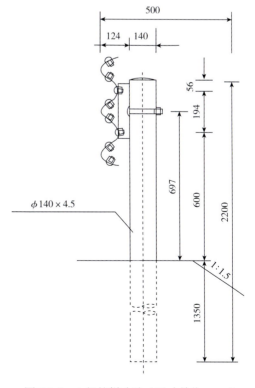

图 3.1-6 A 级护栏改造（尺寸单位：mm）

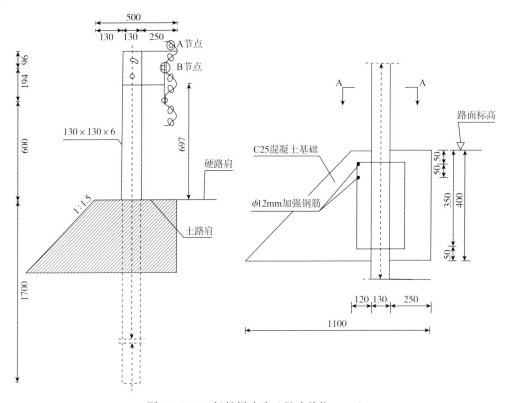

图 3.1-7　SB 级护栏改造（尺寸单位：mm）

3.2　既有桥梁与隧道的利用

3.2.1　既有桥梁利用

3.2.1.1　既有桥梁改造原则

既有桥梁改造利用，是在确定利用路线的基础上，充分调研既有幅桥梁状况，在对桥梁结构病害检测分析和鉴定评估的基础上，根据技术经济条件和使用要求，制定可利用、维修加固方案，提供科学利用的决策依据。桥梁改造加固设计时，应遵循以下几个原则：

1）从实际出发

桥梁加固改造之前，必须对原结构系统承载力及使用性能进行全面的鉴定，对桥梁结构存在的各种病害和缺陷的实际状态进行客观准确的评估，对病害成因进行科学全面的分析。桥梁结构加固改造设计分为：承载力加固

（强度加固）、使用功能加固（刚度加固）、耐久性加固和抗震加固等四种情况，应根据桥梁病害检测分析和鉴定评估结果分清加固性质，选择正确适合的方案进行修复处置。加固设计时的分析计算模式、材料性能指标要尽可能与实际情况相符，加固方案应充分考虑既有交通的干扰与影响，应具备较强的可操作性，加固改造所选施工工艺、机具设备应与现场施工条件紧密结合，避免造成资源浪费。

2）消除隐患

桥梁加固方案设计时，应充分考虑各种因素对桥梁结构耐久性造成的不利影响，适度考虑交通量增大、超重超载车辆、施工荷载等因素对结构受力产生的影响，对可能造成的损害或不利影响预先提出对策，避免再次影响加固改造效果，彻底消除不利隐患。

3）全面比较

桥梁加固基本上可划分为两大类：第一类为改变结构体系，调整结构内力、减轻原梁负担；第二类为加大截面尺寸，加固薄弱构件。桥梁加固方案的确定，是在全面综合地考虑旧桥结构的病害状况、使用年限、荷载变异、功能要求、加固效果、既有交通状况、桥梁加固施工技术条件及非技术因素等多方面的因素后，经过多个加固方案的全面比较，反复论证，择优选取。

4）预防损坏

在桥梁加固施工过程中，若发现旧桥结构或构件存在新的缺陷或病害，应立即停止施工，并会同设计单位与检测单位进行检测分析，采取有效措施处理后方可继续施工，防止桥梁加固施工对原有结构造成新的损害。对存在倾覆、滑移、倒塌等隐患的结构，在加固施工前应采取确实有效的临时加固措施，防止在桥梁加固期间产生新的病害或损坏。

5）协同受力

桥梁加固方案的确定，还应充分考虑新旧结构强度、刚度与使用寿命的均衡条件，尽可能保证新增加的构件与原有结构能够可靠地协同工作、整体受力，共同承担荷载，使加固后的桥梁结构达到安全耐久的目标。正常情况下，桥梁加固时难以采取全封闭交通或采取其他卸载措施，桥梁加固所增加的构件或截面只能承受活荷载，因此要设法在构件、工序、工艺上采取措施，尽可能采用主动桥梁加固对策，使新增构件或截面承担更多的荷载，适当减轻原有结构或构件荷载。

6）有序施工

一般来说，桥梁加固施工过程可能包含卸载、加载、协同受力等过程；在此过程中，结构受力方式、荷载大小及作用位置都在不断变化。因此，应当严格按照设计确定的施工工序实施，严格控制施工临时荷载，尽量减少作用在原有结构上的施工荷载，避免原有结构造成新的损害。

3.2.1.2 既有桥梁现状检测

为准确掌握小磨二级公路继续沿用路段桥梁的当前技术状况，使继续沿用的原路段改建工程具备详细、完整的数据资料，设计单位对全线桥梁技术状况进行了全面、系统、规范的检查。

全线共检测桥梁202座（其中SJ-1标段146座，SJ-2标段56座），检测结果为一类桥梁35座，占总数的17.33%，二类桥梁133座，占总数的65.84%，三类桥梁34座，占总数的16.83%。《昆磨高速小勐养至磨憨段改扩建工程SJ-1标段全线桥梁检测报告》检测结果表明：本合同段桥梁总体技术状况良好，能满足原设计荷载汽车-超20级，挂车-120级安全运营需要，但由于服役时间较长及施工缺陷，个别桥梁存在不同程度的缺陷病害，主要有以下几个方面：

1）混凝土表面裂缝

部分桥梁盖梁混凝土表面存在横向裂缝、纵向裂缝和网状裂缝。

部分预应力混凝土T梁翼板存在横向裂缝、斜向裂缝和纵向裂缝，并伴有渗水痕迹和白色结晶物析出，最大裂缝宽度0.20mm。纵向裂缝一般分布于翼板根部与腹板交接处。大部分预应力混凝土T梁翼板湿接缝混凝土存在横向裂缝，并伴有渗水痕迹和白色结晶物析出。

影响分析：混凝土表面裂缝的存在，使得侵蚀性离子能够随水汽进入混凝土内部，影响结构的耐久性。

2）混凝土表面缺陷

混凝土麻面、蜂窝。部分桥梁混凝土表面存在麻面现象，严重的存在蜂窝现象。

混凝土空洞、露筋。部分桥梁混凝土振捣不密实，存在空洞现象，严重的存在露筋或露波纹管现象。

混凝土破损、缺边、掉角。部分桥梁混凝土存在混凝土破损、缺边、掉角现象，严重的存在露筋现象。

影响分析：混凝土麻面、蜂窝、浅层破损等缺陷影响混凝土的致密性和混凝土保护层厚度，影响结构的耐久性。混凝土空洞、深层破损露筋等缺陷，使得钢筋或钢束直接暴露于空气中，对结构耐久性有较大影响。

3）墩柱、桩基受水流冲刷

部分临河桥梁墩柱、桩基受流水冲刷，桩周土冲刷流失，桩基外露。

影响分析：桩基、墩柱受水流冲刷，影响结构耐久性。

4）支座缺陷

部分桥梁支座存在剪切变形的缺陷。

影响分析：支座缺陷影响支座正常功能，结构边界条件变化，严重影响结构安全。

3.2.1.3 既有桥梁改造利用方案

全线利用的既有桥梁 196 座 /31.262km，检测结果为一、二类桥梁占总数的 83.17%，其余为三类。既有桥梁总体技术状况良好，能满足设计荷载安全运营需要。达不到二类的桥梁，需要进行修复设计，加固维修后均达到了一、二类，改造后桥梁可以继续使用。

1）混凝土表面裂缝修复处治措施

宽度 < 0.10mm 的裂缝进行封闭处理；宽度 ≥ 0.10mm 的裂缝进行灌胶处理后封闭。

裂缝封闭：对所有宽度 < 0.10mm 的裂缝进行封闭处理，封闭材料采用水泥基渗透结晶防水涂料，要求涂层厚度不小于 0.80mm，沿裂缝修补宽度不小于 15cm。

裂缝灌胶与封闭：对所有宽度 ≥ 0.10mm 的裂缝进行灌胶处理，灌注胶采用优质 A 级改性环氧灌缝胶。灌胶处理完毕后，将表面封缝胶清理干净，然后再采用水泥基渗透结晶防水涂料封闭，要求涂层厚度不小于 0.80mm，沿裂缝修补宽度不小于 15cm。

2）混凝土表面缺陷修复处治措施

混凝土浅层缺陷采用丙乳砂浆修补；混凝土深层缺陷采用丙乳细石混凝土修补。

混凝土浅层缺陷修补：对于混凝土表面的麻面、蜂窝、破损、缺边、掉角、空洞、露筋、预留孔修补不规范、局部混凝土不密实和缺陷修补不良等深度＜5cm的混凝土表面缺陷，清理混凝土表面浮浆和疏松混凝土后，对混凝土界面充分凿毛，在混凝土表面涂刷界面剂后，采用丙乳砂浆修补。

当缺陷深度＜3cm时，丙乳砂浆分多次涂抹至表面平整，每层厚控制在5mm左右；当缺陷深度3~5cm时，需外挂防裂钢丝网，钢丝网采用热镀锌方格钢丝网，钢丝直径5mm，方格孔50mm×50mm。丙乳砂浆分多次涂抹至表面平整，每层厚控制在5mm左右。

混凝土深层缺陷修补：对于混凝土表面的麻面、蜂窝、破损、缺边、掉角、空洞、露筋、预留孔修补不规范、局部混凝土不密实和缺陷修补不良等深度≥5cm的混凝土表面缺陷，清理混凝土表面浮浆和疏松混凝土后，对混凝土界面充分凿毛，在混凝土表面涂刷界面剂后，采用丙乳细石混凝土修补。丙乳细石混凝土内设置防裂钢丝网，钢丝网采用热镀锌方格钢丝网，钢丝直径5mm，方格孔50mm×50mm。

3）墩柱、桩基受水流冲刷

对于临河受水流冲刷的墩柱或桩基，若有混凝土疏松、钢筋外露的情况，则清除桩基表面污泥和疏松混凝土后，对外露钢筋涂刷阻锈剂，采用钢护筒嵌套后，灌注C50微膨胀混凝土。钢护筒采用厚度16mm的半圆钢管对焊，钢管直径较桩基直径大40cm。要求钢管底部入土深度＞80cm，上部超过缺陷标高长度＞80cm。若墩柱或桩基混凝土密实，无钢筋外露的情况，则浇筑C30混凝土围护（混凝土浇筑厚度为0.20cm，高度根据具体洪水位而定），并做好护坡。

4）支座缺陷

对于支座剪切变形严重的缺陷，采用位移同步顶升工艺进行支座更换。

3.2.1.4 案例

案例1：K37+138大桥（左幅）14×30m T形梁桥5号盖梁混凝土表面裂

缝处治，采用灌胶处理后封闭，见图 3.2-1。

a）改造前　　　　　　　　　b）改造中　　　　　　　　　c）改造后

图 3.2-1　K37+138 大桥混凝土面裂改造图片

案例 2：K37+138 大桥 11 号盖梁粘贴钢板加固处治（图 3.2-2）。

a）改造前　　　　　　　　　b）改造中　　　　　　　　　c）改造后

图 3.2-2　K37+138 大桥 11 号盖梁粘贴钢板加固处治改造图片

案例 3：K37+138 大桥支座缺陷处治 4 号盖梁 A 端 4 号支座剪切变形进行支座更换处理（图 3.2-3）。

a）K37+138 左幅 4 号墩 4-A-4 号支座更换前　　　b）K37+138 左幅 4 号墩 4-A-4 号支座更换中　　　c）K37+138 左幅 4 号墩 4-A-4 号支座更换后

图 3.2-3　4 号盖梁支座改造图片

3.2.2　既有隧道利用

3.2.2.1　既有隧道现状检测

为充分利用既有隧道，项目组请试验检测中心对沿线既有隧道现状进行了全面、系统、规范的检测（图 3.2-4）。

图 3.2-4　既有隧道检测及利用

小磨高速公路全线共利用隧道 26 座 /15367m，既有隧道土建结构、机电设施存在不同程度的病害，经检测整体技术状况判定为 S 类和 B 类。全线隧道总体技术状况良好，能满足正常安全运营需要，但是由于隧道工程的特点及施工缺陷，个别隧道土建结构存在不同程度的病害，主要有以下几个方面：

（1）衬砌渗漏水。

（2）衬砌环、纵向裂缝。

（3）路面坑槽、破损，翻浆冒泥。

（4）瓷砖镶面及拱部防火涂料脱落。

（5）检修道盖板缺失。

（6）排水系统堵塞，边沟盖板缺失、破损、断裂。

（7）路面落渣较多地面清洁度差，瓷砖表面污染严重。

（8）消防设施破损、缺失。

3.2.2.2　既有隧道利用方案

主要改造工作集中在病害处理、机电及消防工程更新，实现最大限度利用。

1）病害处理方案

对于隧道渗漏水的病害，根据围岩的地质条件和水文条件进行综合分析判断，采取以排为主，截、堵、排综合治理的原则进行处治。隧道渗漏水主要出现在隧道拱部和边墙，因此采用"拱部封堵，边墙疏导、引排"的原则对渗水进行处治。

既有隧道运营近 10 年，裂缝病害发展趋于稳定，对宽而深的裂缝进行环氧树脂液灌注处理；对细而浅的裂纹采用环氧树脂浆液进行表面封闭处理；对路面中心渗水，在渗水处及两侧 5m 处各设置一道横向盲沟，通过盲沟将水导入排水边沟内，通过排水边沟将水排出洞外；对隧道内排水边沟、洞口处外漏排水边沟进行清淤并对缺失、破损的检修道盖板及侧壁进行修复（图 3.2-5）。

图 3.2-5　缺失、破损的检修道盖板清理、修复

2）既有隧道机电利用

充分利用既有隧道风机、照明及摄像杆等既有机电设施，对于原有照明及摄像杆，若与当前设计位置一致，则更换灯头或摄像机，补漆后就地再利用；对于既有隧道风机及线缆，若满足通风设计要求，则进行原地维修后再利用。

3.3　既有房建交安设施利用

3.3.1　既有房建设施利用

3.3.1.1　基本思路

有效利用既有房建设施对绿色公路建设至关重要。根据小磨高速公路建设要求，合理保留并改造既有综合楼、收费站、变电所等房建设施，尽可能的避免重复建设。

3.3.1.2　既有房建利用方案

设计阶段，小磨高速公路统筹考虑既有房建设施位置与改扩建沿线站点间的关系，将沿线既有的房建设施充分利用。在建设过程中，对多处原有建筑继续保留或进行适当的改建，实现资源设施的节约利用。

小磨高速公路将既有服务区、管理所、收费站隧道变电所、隧道管理站、管理中心等房建设施经考察评估后，进行适当改造装修，除了有隧道管理站继续保持原来使用性质，其他房建设施在施工期利用作为项目驻地，施工结束后作为管理用房。全线站点管理用房总面积 2.2 万 m^2，实现了全部利用，节约建安费近 7 千万元，实现资源设施节约（图 3.3-1）。

图 3.3-1　利用既有服务区作为施工驻地

案例：

利用原勐仑服务区房建，在施工期间作为项目驻地，施工结束后经过修复和装修，运营期用作管理用房（图 3.3-2）。

图 3.3-2　既有服务区房建利用

3.3.2 既有交安设施利用

既有交安机电设施的循环再利用,不但能大大降低工程成本,也能有效防止浪费。小磨高速公路在交安设施利用过程中遇到了一个问题,既有交安设施均采用的是 2003 标准,而现在实行的是 2012 标准,在材料、参数等方面都存在着新旧差异,导致交安设施没办法直接利用。小磨高速公路建设结合实际需求,将新旧设计施工规范衔接,挖掘利用潜力,多措并举探索既有交通标志、波形护栏、隔离栅、里程牌、百米桩、公路界碑的综合利用。首先将既有交安设施进行检测,其次将可利用的设施多措并举用于本项目和其他地方道路中,最后将不可利用设施收集起来,进入加工厂,重新生成可用的资源。

3.3.2.1 既有交安设施现状检测

(1)既有公路 K0+000~K79+940 段沿线设置有警告、禁令、指示、指路、辅助、旅游等标志共计 391 套,由于各类标志已使用 10 余年,所以部分螺栓存在锈蚀现象,拆除后版面变形严重,杆件镀锌层表面有轻度腐蚀。既有各类标志各项技术指标不符合高速公路要求,标志材料达不到循环利用条件。

(2)小磨公路设置有 Gr-A-4E 型波形护栏 56780m(图 3.3-3),其设计防撞等级为 B 级,设计镀锌量 600g/m²。现场检测结果显示,小磨公路 Gr-A-4E 型波形护栏,80% 的立柱和护栏板可继续使用 10 年以上,具备一定的利用价值(图 3.3-4)。

图 3.3-3 既有波形护栏原貌图　　图 3.3-4 Gr-A-4E 型波形护栏板现场检测

(3)小磨公路 K0+000~K79+940 段沿线设置有电焊网隔离栅 11484m,设置地段为沿线立交区和服务区，刺铁丝隔离栅20675m，沿线电焊网隔离栅防腐层老化严重、刺铁丝隔离栅锈蚀损坏严重，电焊网隔离栅和刺铁丝隔离栅抗拉强度不能满足设计要求，隔离栅材料存在质量缺陷，达不到循环利用条件。

（4）小磨公路K0+000~K79+940段沿线设置有百米桩306块、公路界碑136块。鉴于百米桩和公路界碑为二级公路的设计理念，不符合高速公路设计要求，因此百米桩和公路界碑达不到循环利用条件。

通过对沿线既有交安设施综合分析，波形护栏具一定的利用价值，可进行循环利用；百米桩等其他交安设施均属于不可利用范畴，经统一收集后移交加工厂，重新回炉生成各类可用的材料资源。

3.3.2.2 既有设施波形护栏循环利用方案

1）基本思路

受新老路护栏规范差异影响，拆除的护栏不能直接用于主线。小磨高速公路改扩建工程建设指挥部遵循绿色工程、循环利用、变废为宝的原则，精心组织监理单位、施工单位成立专家组对旧波形护栏材料进行分类、分级，评估检测，将检测合格的既有波形护栏设施一部分用于自身道路辅路，另一部分用于地方或其他旧规范道路（表3.3-1）。

既有交安设施材料循环利用和不可利用材料处理方案　　　　表3.3-1

交安设施	循环利用途径和方法
波形护栏	钢立柱、螺栓、托架、护栏板拆除后，分类，检测评估，挑选合格材料，精洗，收集存放，二次利用
交通标志、波形护栏、隔离栅、里程牌、百米桩、公路界碑	集中收集，移交，废品回收，重新回炉再生各类材料

2）波形护栏循环利用方案

对于波形护栏循环利用，一是将已拆除的波形护栏、立柱用于辅道、提升辅道行车安全性，二是用于地方道路改造，三是将剩余部分统一由集团公司高速管理处进行收集管理，全部集中放置在普洱管理处，主要用于相同防护标准的其他高速公路的管养。经统计，用于辅道和地方道路的既有护栏总长度超过50km，其他全部用于老规范道路养护，最终实现了100%利用（图3.3-5）。

图 3.3-5　原小磨二级路拆除的旧护栏板用于地方机耕道路

3）新老护栏搭接技术

在利用既有护栏过程中，发现既有混凝土护栏高度在 30~90mm 之间，与新规范的波形护栏存在搭接高差问题，如果按照规范施工，延长并砌高混凝土护栏方式实施，会产生视觉效果不美观，且与周边环境不和谐的问题。小磨高速公路改扩建工程建设指挥部和设计单位经多方案设计尝试，提出灵活搭接技术，既解决了问题，又能使护栏更加适用、协调、美观（图 3.3-6）。

图 3.3-6　新老护栏安全搭接

（1）与相同高度混凝土护栏搭接。波形护栏与高度相当的混凝土护栏搭接时，采用直接搭接方式。

（2）与低混凝土护栏搭接。三波板与 800mm 混凝土护栏搭接时存在高差，小磨高速公路采用的是通过先搭接两波板降低高度，再搭接混凝土护栏的方式（图 3.3-7）。

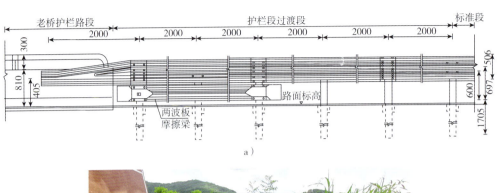

a)

b)

图 3.3-7 与低混凝土护栏搭接（尺寸单位：mm）

（3）与特大桥钢护栏搭接（图 3.3-8）。三波板与雨林特大桥 SA 级钢筋混凝土墙式护栏搭接。

图 3.3-8 与雨林特大桥护栏搭接

（4）护栏端头。小磨公路改扩建为小磨高速公路后，护栏端头由背车面转变为迎车面，为了加强护栏端头安全设计，将迎车面护栏进行端头外展处理（图 3.3-9）。

（5）隧道口护栏搭接。护栏与隧道口搭接时，将护栏放置于隧道内壁，防止车辆撞击隧道口（图 3.3-10）。

图 3.3-9 护栏端头外展处理

图 3.3-10 隧道口护栏搭接

3.3.2.3 案例及效果

案例 1：

小磨高速公路菜阳河至勐宽辅道充分利用旧波形护栏，有效提升菜阳河至勐宽辅道安全性，同时起到了保护生态环境的作用，充分体现了公路与生态的自然和谐。菜阳河至勐宽辅道全长 33.326km，沿线危险路段利用旧波形护栏防护共计 14060m，循环使用率占原小磨公路旧护栏总量的 40%，通过循环利用旧波形护栏项目共节约投资 281.2 万元（图 3.3-11）。

案例 2：

K140+500 线外跨河桥、K144+544 线外的地方生活道路，利用小磨公路既有旧护栏板，加强道路安全防护（图 3.3-12）。

图 3.3-11　高速公路辅道旧护栏利用　　　图 3.3-12　地方生活道路既有护栏利用

3.4　土地资源节约集约利用

3.4.1　场地集中布设

3.4.1.1　基本思路

绿色公路发展中资源节约的对象是能源、土地、水、材料等主要资源。小磨高速公路依据工程实际情况，调整沿线取弃土场、梁场、拌和站等场地位置，取消不必要的取弃土场、拌和站、梁场等优化布置，节约用地。

3.4.1.2　场地集中布设方案

1）预制场二合一布设

小磨高速公路合同一段起点 K0+000，止点 K4+620，全长 4.677381km。全线共有桥梁 18 座（单幅），T 梁 560 片，为节约用地，对 T 梁预制场进行优化布置，将原计划的两个 T 梁预制场优化为只布设一个预制场集中预制，大大节约了土地资源（图 3.4-1）。

图 3.4-1　T 梁预制场集中布设

2）梁场与便道集中布设

改扩建分离式路基设计大部分位于地形陡峻的山岭重丘区，桥梁间路基较短，梁场布设难度大，向路基段两侧红线外拓展易导致大面积开挖，为了减少环境破坏，经深入调查，利用既有公路施工时留存的弃土场布设，现场解决梁场与新建幅桥梁高差、梁板运输吊装等一系列难题。同时，结合梁场布局、既有桥梁制约情况，通过梁场开挖的运梁槽与便道统筹设计，解决便道运输大纵坡问题（图3.4-2）。

图 3.4-2　T 梁预制场与便道集中布设

3.4.2　资源统筹规划

区域资源统筹是资源集约利用的有效途径，把项目内的资源与周边社会资源进行"相互交流"，实现资源流通，提供双方所需，达到资源合理利用的目的，符合绿色公路"统筹资源利用"的建设要求。本项目建设过程中充分统筹项目内外资源，包括社会资源的流入，以及项目资源的流出，深入落实资源统筹利用情况。

3.4.2.1　统筹利用既有场地

1）基本思路

为层层落实节能减排工作责任，大力加强能效管理，全面履行节能减排的工作和管理职责，开源节流，努力创建节能、环保、绿色的工程建设局面。

结合项目部及施工现场实际情况，合理利用土地资源，利用小磨公路梁场和土建单位弃土场做预制场和拌和站，少征地，不乱砍伐，不破坏就是对环境最大的保护。

2）梁场利用方案

本标段共有预制 T 梁 540 片，根据工期紧、生产任务重的特点，需建设一座大规模、集中化、标准化梁场。但由于本标段线路内路基自然段短且均为高边坡挖方段路基，不适于建设大规模、标准化梁场。

经现场勘查，以节约土地，少占林地为原则，项目选定盘山寨隧道进口段左侧荒地为新建梁场。该荒地原为小磨公路梁场，其面积约 8000m^2，能满足大规模梁场建设需要，且紧邻既有公路交通便利，距离新建线路 300m，梁板运输方便（图 3.4-3）。

图 3.4-3　统筹场地资源建设预制梁场

3）拌和站利用方案

拌和站选址时，从占地面积和保护环境的角度来考虑，临时征地面积过小，不能满足工程建设需要；临时征地面积过大，则需砍伐很多树木，对环境造成更大的破坏。经过多方面综合考虑，最终把拌和站位置选在土建单位的弃土场上，虽然投资成本较大，但是和土建单位共用一块场地，合理利用资源，也是对环境最大的保护（图 3.4-4）。

图 3.4-4 利用弃土场建拌和站

路面工程结束后,拌和站场内构造物进行拆除,恢复场地,利用表土恢复使其具备耕作条件,交还给当地村民(图 3.4-5)。

图 3.4-5 场地恢复前和场地复垦后

3.4.2.2 合理安排施工时序

通过合理安排施工时序,减少非必要便道的开挖,从而减少用地范围和生态影响。修建七道班隧道时,先修筑联系隧道的桥梁,再利用桥梁修建隧道,尽量减少对山体和植被的破坏。距离七道班隧道 20m 处即为滇缅铁路在建隧道出口,修建时采用了一般的建设程序。

对比结果表明,小磨高速公路的施工方法最大限度地减少了山体破损和植物破坏,基本做到了零开挖,是效果非常好的生态保护手段(图 3.4-6)。

3.4.2.3 减少修建施工便道

1)基本思路

沿线施工便道的建设以安全、便捷、惠民为基本原则,施工便道的选址一是尽可能结合地方道路或乡间小路进行设置,减少砍伐原有树木,对原有的低等级地方道路或乡间小路,采用混凝土硬化方式,施工完成后作为惠民工程归还地方；二是尽量利用原小磨二级公路；三是结合总体施工组织设计，尽量减少新开挖便道（图 3.4-7）。

图 3.4-6 先修桥梁再修隧道减少便道修建

图 3.4-7 施工便道利用地方道路

2）施工便道利用方案

案例 1：利用既有公路和地方道路

TJ3 菜阳河段起点 K12+070，位于司徒老寨西北侧，全长 8.173km。在施工过程中以实际行动响应党中央、国务院关于"实行最严格的耕地保护制度"的一系列方针和要求，充分利用既有道路以及地方辅道、既有便道做施工便道。

案例 2：利用地方道路

司徒一号大桥下部构造施工中充分利用地方道路，以减少临时便道的开挖及原有地貌的破坏，见图 3.4-8。

图 3.4-8 司徒一号大桥下部道路

案例 3：减少施工便道

司徒二号大桥原地貌比较原始，生态植被比较好，6、7 号墩附近有胸径 3m 以上的古树，为了避免破坏原有地形地貌、保护古树，施工中采用人工挖孔，人工孔口搭设支架安装钢筋笼，采用长臂混凝土泵车，加长型塔吊等设备施工，避免新建临时便道对环境造成破坏，见图 3.4-9。

图 3.4-9 利用加长型塔吊设备施工

3.4.2.4 利用弃土场建设临时苗圃

为保证项目绿化需要，建设单位考虑建设临时苗圃，将所需苗木提前存储，节约苗木造价。在实际施工过程中，由于临时苗圃的选择受地点、场所大小、运输距离、使用价格、使用便利等方面因素影响，因此绿化单位一般考虑租用农业用地，然而这样虽然操作方便，但需付出土地租金，不利于成本控制。

小磨高速公路统筹利用沿线弃土场，在符合绿化施工的条件下，绿化单位结合弃土场设置临时苗圃，不仅节约临时用地面积，而且减少了租用土地的费用，符合绿色公路的建设要求（图3.4-10）。

图3.4-10　弃土场做临时苗圃

3.4.3　永临用地结合

施工过程中会出现各种临时用地，如梁场、拌和站、临时苗圃、施工便道等，这些临时用地在施工期间为辅助施工而存在，待工程完成后需恢复为原有状态。小磨高速公路采用永久用地与临时用地相结合的方式，可有效减少临时用地的占地面积。结合小磨高速公路特点，永临用地结合主要体现在以下三个方面。

3.4.3.1　集约梁场用地

项目沿线共有桥梁338座/49612m，为了保证桥梁施工，沿线将设置大量桥梁加工场地，梁场作为临时用地，将占用大量土地，不利于绿色公路的建设。施工过程中为了减少梁场占用土地的情况，结合工地现状，选择就近的路基、弃土场、既有硬质场地、荒地等建设梁场。项目全线45个桥梁预制场中有42个布置在挖方路基上，其余3个由于路基段长度限制布置在原有公路的弃土场或梁场上，永临结合用地占比达95.6%，最大限度地减少其对土地的占用和对周边植被环境的破坏（图3.4-11、图3.4-12）。

图3.4-11　利用原有公路梁场作为小磨高速公路土建8标梁场

图3.4-12　勐腊北服务区用作临时梁场

3.4.3.2　因地制宜建设拌和站

为了保证路基、桥梁的建设，沿线会存在较多的拌和场所，拌和站易产生扬尘、废弃物、施工垃圾，对环境污染较大。小磨高速公路全线在拌和站选址上高度重视沿线既有道路、周边环境及设计规划，科学选址、规划、布局，在能满足施工生产能力的条件下，尽量避让基本农田，减少土地占用。主要通过结合养护区、服务区等永久性场地和弃土场等临时场地设置拌和站（图3.4-13）。

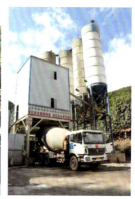

图 3.4-13　科学选址建设拌和站

案例 1：

勐远水稳拌和站、沥青拌和站设置在规划中的养护工区内，既能满足施工要求，又能减少土地占用，遗留下的设施和土地可用作后期运营的料场、料仓、设备安装或工人驻地，避免了重建。将公路运营和维护纳入工程设计与建设一并考虑，突出绿色公路全寿命周期成本方面的优势。

案例 2：

小磨高速公路路面二标段 4 个拌和站均设置在小磨高速公路既有幅 200m 半径范围内。TJ13 标段和 TJ18 标段本着保护勐腊县生态环境的思想，选择在 K105+900 左侧土建标弃土场、K153+350 左侧土建标弃土场建设拌和站，实现节约土地资源以及减少对树木的砍伐。

3.4.3.3　既有房建设施永临结合

施工期利用既有房建设施、既有隧道管理设施做施工营地，施工完成后经过装修，将房建设施全部用于运营期管理用房，实现了房建的永临结合。全线既有设施除了一个用于隧道常规管理，其他设施均用于施工营地和管理用房。

3.5 隧道弃渣与废旧资源利用

3.5.1 隧道弃渣处置利用

3.5.1.1 基本思路

在高速公路建设过程中，弃渣带来的生态影响和安全隐患较大，对弃渣的合理利用程度可以体现出公路的绿色化水平。一方面从土石方平衡角度出发，通过线路优化避免较大的填挖不平衡，减少弃渣量，另一方面从弃渣合理利用角度出发，考虑弃渣应用于地方规划、反压护道、荒沟改地、碎石回用等。

3.5.1.2 隧道弃渣利用方案

综合利用隧道弃渣，实现材料循环使用。小磨高速公路单幅新建隧道33处/29.313km，施工过程中将产生大量隧道弃渣，该弃渣若直接在弃土场填埋处理，不但严重污染环境，而且增加公路的占地面积。为了将隧道弃渣"变废为宝"，工程首先研究确定隧道弃渣的回用条件，而后按照"三级筛选"原则，对隧道弃渣进行再利用，优质碎石用于隧道衬砌混凝土骨料，次级碎石用于路基加强层，剩余残渣用于路堤填筑。隧道围岩级别较高部位的弃渣，经过试验验证其强度、风化程度等参数，在满足路基加强层以及换填片、碎石参数要求的情况下作为路基填料利用（图3.5-1）。

经过筛选，全线隧渣用作混凝土的优质岩石约有10万m^3，很好地实现了废物的循环利用。为了保证弃渣得到较好利用，很多标段均专门设置块石破碎场地；以藤篾山隧道为例，其破碎场地直接设置在隧道口200m处，减少了隧道弃方运输（图3.5-2）。

3.5.2 废旧资源回收利用

3.5.2.1 表土资源收集利用

1）基本思路

在满足公路主体工程自身防护和改善驾乘人员视域环境的主要功能的同

时，注重与自然景观相协调，改善生态平衡，创造符合当地社会经济条件的优美而有生气的环境。为此，对表土进行集中堆放利用，确保将这些表层熟土用于工程后期的取土和临时工程占地的土地复垦，以期达到回收利用，减少植被破坏，最大限度防止水土流失，最大限度保护环境的目的。表土集中堆放利用，最好地保护了环境资源，同时也节约了土地复垦的成本。土地再生利用，更好地改善了自然环境，优化了热带雨林中公路建设的绿化景观。

图 3.5-1　土建 1 标隧道洞渣用作路基填筑

图 3.5-2　隧道弃渣加工为级配碎石用于底基层摊铺

2）表土利用方案

（1）施工前清表

合理安排施工顺序，优化表土收集方案，对开挖控制线内的地表土进行清理（图 3.5-3）。

图 3.5-3　施工前清表

（2）集中堆放表土

施工剥离的地表土要集中堆放（图 3.5-4），并进行临时防护、排水等。

图 3.5-4　集中堆放表土

（3）回填表土并恢复绿化

主体工程施工结束后，将表土回填至需要绿化的区域（图 3.5-5），并使用乡土物种为主的植物进行绿化恢复，与周边环境融为一体（图 3.5-6）。

图 3.5-5　互通区域回填表土

图 3.5-6　恢复绿化

3.5.2.2 废旧材料在边坡上的循环利用

小磨高速公路沿线竹林茂盛,椰树广布,工程建设废旧模板集中,为"就地取材",推进资源利用提供了较理想的条件。在项目施工过程中发现沿线竹林大面积自然更新,有很多的竹竿可以利用,所收集的废旧竹片、废旧模板和椰丝毯都在边坡修复中得到有效应用。

1)废旧竹片利用

项目沿线 K27~K29 段有丰富的竹林资源,废旧竹片常常被遗弃或烧掉,不仅污染环境,而且浪费绿色资源。边坡修复借助废旧竹片在坡面上进行固定,不仅能够实现边坡的水土稳定,而且有利于保护环境。废旧竹片可持续护坡数年时间,有稳定边坡的能力,待植物生长茂盛,竹片又腐烂成为边坡的养分,是无污染的绿色材料(图 3.5-7)。

图 3.5-7　废旧竹片在边坡上的应用

2)废旧模板利用

桥梁施工过程中会产生很多废旧模板,该废弃材料对施工一般无利用价值,其最终去向是被丢弃,这样不但污染环境,而且占用土地资源。废旧模板材料本身为木质,且表面平整光滑,适合作为边坡的固土护坡材料,能够起到很好的挡土挡水效果,这样做不仅变废为宝,而且是一种典型的绿色护坡手段,该方案具有很大的推广意义(图 3.5-8)。

3)生态材料利用

由椰丝、小麦秸秆、稻草等制成的椰丝毯或稻草毯是加固土壤良好的生态材料。稻草毯由废弃材料加工而成，不但变废为宝，而且减少了对生态环境的破坏，具有优良的保水保土功能。椰丝毯耐雨水冲刷，可为植物种子提供一个恒温、稳定的生长环境。椰丝毯/稻草毯自然降解后可作为肥料改良土壤，是绿色的生态材料（图 3.5-9）。

图 3.5-8　废旧模板在边坡上的应用　　图 3.5-9　椰丝毯在边坡上的应用

4）石笼网护坡利用

利用铁丝编制成的笼网装入土建单位施工时由于挖方或者隧道施工产生的石块，充分将本项目资源进行利用。石笼网的空隙较大，所以常常在石笼网空隙覆土或填塞缝隙，经过微生物及各种生物的作用，形成了松软且富含营养成分的表土，形成良好的生态环境。

满怀敬畏自然之心,心系雨林环境保护

只有最大限度的保护,最小程度的破坏,最快速度的恢复,才能实现人与自然,路与环境的和谐

第4章 生态引领 人地和谐

4.1 生态选线

绿色公路建设的核心就是要摆正公路与周边环境的关系,公路作为原生环境的"后来者"应充分体现出对自然的尊重。高速公路作为一种人工构筑物,所经之处必然要开山架桥,势必会改变当地的自然环境,因此如何将高速公路建设对自然环境的影响降低到最小程度是绿色公路建设首要考虑的事情。高速公路的主线是路线,路线的走向和位置决定了高速公路对生态环境的影响,尽管可以采取种种恢复措施,但是任何人为的绿化,都无法与经过长时间自然演替而形成的自然相媲美。正是如此,小磨高速公路的生态保护注重抓住源头,从选线做起。

4.1.1 基本思路

小磨高速公路沿线自然条件复杂,动植物资源丰富,保护区分布广,环境敏感点多,沿线多民族文化交融,旅游资源丰富。在勘察设计过程中,始终将"生态选线"作为路线方案布设的原则之一,坚持"不破坏就是最大的保护""宁桥不填,宁隧不挖",将生态环保列为重点比选内容,从项目成本

效益、生态环境保护等全方位进行综合技术经济分析，实现环境保护与建设并举、发展与自然环境相和谐。

小磨高速公路在生态选线中以"六个尽量"为指导目标：尽量减少耕地占用、尽量减少砍伐森林、尽量远离环境敏感区、尽量减少跨河次数、尽量降低对周围影响人数、尽量避让学校。设计方案利于环保、技术可行、经济合理，最大限度保护自然生态环境，实现公路与自然、社会的整体协调和全面发展。

4.1.2 路线方案比选

考虑到公路平纵线形指标限制等因素，工程有24km新建路段多次对线位进行了微调，拟定了A、B、C、D、E和K六个备选路线。

4.1.2.1 路线起点方案比选

小勐养起点对应的现有二级公路走廊，昆明至磨憨通道总体布局合理、便捷，运输效率高，建设规模小，优点较明显。

景洪起点对应的澜沧江走廊，与昆明至磨憨通道总体布局符合性相对较差，绕行里程长，建设规模及投资巨大，建设条件差。接线位置位于景洪城市规划范围内，干扰大，枢纽立交设置困难。

经综合比选，本项目起点接线位置宜为小勐养。

4.1.2.2 局部A方案与对应局部K方案比选

从工程上来说，K方案路线里程短、工程规模和投资相对较小，但路线平纵指标相对较低，行车安全性相对差，且在曼纳庄需要占用军事设施，协调难度大，实施困难；A方案虽然里程长、规模大、投资多，但路线平纵指标高，行车安全性好。

环境影响方面：A线方案设置有3处隧道，降低了对地表植被的破坏，对生态环境的影响较小。

综合工程和环境角度，推荐在银河接线的A方案。

4.1.2.3 局部B方案与对应局部K方案比选

工程方面两方案里程相近，K方案桥梁多于B方案，而隧道工程又较B方案少，因此工程规模、投资相差不大。经深度比较，两方案工程规模、投资相近。B方案技术指标较高、安全性高。

环境保护方面，K方案距离勐仑保护区近，施工及营运期存在的环境破坏风险较大；占地范围内国家二级保护植物较多，不利于植被保护；跨越一级饮用水水源的南醒河4次，不利于水体保护。

综合工程和环境角度，推荐B方案。

4.1.2.4 局部C方案与对应局部K方案比选

工程方面两方案里程相近，隧道工程相当，K方案路基、路面工程较大，而C方案桥梁工程较大。经深度比较，两方案工程规模、投资相近，但C方案工程规模、投资额相对稍大。C方案技术指标较高、安全性高。

环境保护方面，C方案桥梁、隧道长度较长，降低了对地表植被的破坏。K线方案距离勐腊保护区约50m，施工期及营运期对环境破坏的风险较大，不利于环境保护。K方案跨越5次水体，不利于水环境保护。

综合工程和环境角度，推荐C方案。

4.1.2.5 局部D方案与对应局部K方案比选

工程方面D方案里程短，桥梁、隧道工程（设有1座4460m特长隧道）较大，但路基防护工程较小。两方案工程规模、投资额相近。经深度比较，两方案工程规模、投资相近。D方案技术指标较高、安全性高。

环境保护方面，D方案里程短，桥隧工程大，土石方较小，利于环境保护、水土保持。K线方案距离勐腊保护区的距离较近，约50m，而且全段大部分路段在保护区的二级保护区范围边界经过，施工期及营运期的环境风险较大，拟采取的环保措施较多。

综合工程和环境角度，推荐D方案。

4.1.2.6 局部E方案与对应局部K方案比选

工程方面两方案采用新的走廊带布线，对勐腊经济发展有很大促进作用，但是K方案与城市规划发生冲突。E方案里程短（较K方案里程短1.257km），运输效率高。

环境保护方面，E方案里程短，桥隧工程大，路基土石方少，且居民点稀少，对居民区影响小，利于环境保护。K方案距坝区近，各种干扰、规划冲突明显，土石方量又大，不利于水土保持和环境保护。E方案符合勐腊县城规划。

综合工程和环境角度，推荐 E 方案。

4.1.3 细部线位方案

4.1.3.1 保护古树

通过合理布设线位，精细控制平纵，避让古树 6 棵（图 4.1-1）。

图 4.1-1　线路避让古树

4.1.3.2 避让保护区

小磨高速公路沿西双版纳州国家级自然保护区边缘布线，经过路段为 K20~K42 及 BK49~BK58 勐仑片区、BK71~EK120 勐腊片区、EK120~K138 尚勇片区。下面对路线经过以上路段进行比选。设计阶段，小磨高速在 K82+00~K85+300、K101+965~K105+000、K129+600~K133+200 拼宽方式靠近保护区方向，经过方案比选，此路段采用隧道方式，完全避开了自然保护区，有效保护了生态环境（图 4.1-2）。

4.1.3.3 野象通道

由于项目建设不可避免地穿过西双版纳自然保护区勐腊和尚勇片区亚洲象廊道，为了尽可能减少项目建设对亚洲象廊道的影响，本次评价提出 2 个方案进行比选。在该区域亚洲象迁移路线主要为南哈河→南木窝河→下穿现有小磨二级公路→上山，因此南线在 K130+460 第二次跨越南木窝河在施工和运营过程中对亚洲象迁移活动有一定的影响；而北线方案 K129+740 处跨越南木窝河，该处亚洲象活动可能性远小于南线方案的影响，同时让出

K129+740~K130+460 路段以减少对亚洲象活动的影响。

图 4.1-2　南贡山隧道穿过保护区

另外，南线方案在距自然保护区北边界 20m 处通过，施工、运营过程中对自然保护区有一定的影响；北线方案在距自然保护区北边界约 600m 处以隧道的形式穿过，对自然保护区的影响远远小于南线方案，因此推荐北线方案。

4.1.3.4　勐仑南片区大学城段

工可阶段路线从大学城规划用地中穿越，通过比选方案对大学城进行了避绕，路线距离大学城规划 300m，避免穿越 1 处大学城，减少长度和占地，减少声敏感度 1 处。

4.1.4　实施效果

经过合理的生态选线，实现缩短公路里程 0.686km，减少占地 19.91hm^2，减少砍伐森林 19.7hm^2，远离生态保护区 4 处。此外，推荐方案减少跨河 5 次，减少对周围影响人数 205 人次，并避让大学校区 1 处，有效降低了工程建设生态影响。

4.2　野生动物保护

从践行绿色发展理念和生态文明建设的大视野出发，加强野生动植物资源保护工作，为青山绿水护航。相对于其他建设开发行为而言，公路作为线性工程对野生动物生活空间的切割和阻隔作用更明显，也更直接，所以对公路沿线野生动物的保护也显得更重要、更迫切。

4.2.1 亚洲象保护

4.2.1.1 亚洲象生境调查

2012年12月，进行了陆生动物实地调查。西双版纳现有野生亚洲象150~200头，主要分布于西双版纳自然保护区勐养子保护区、勐腊子保护区东及东南部至中老边境、尚勇保护区及中老边境区域。项目沿线K127+000~K133+000段位于亚洲象两片自保护区之间，是亚洲象出没较多的地段，此外K133+000~K158+000段也是亚洲象迁移路线可能经过的区域。为保证亚洲象的种间迁徙、繁衍，本项目对沿线可能涉及的亚洲象迁徙通道进行保护，尤其是K127+000~K133+000的七道班隧道、南木窝河隧道段，该段有南木窝河流过，过去亚洲象喜欢沿该条河流沿岸穿越该区域，因此是本次动物通道的重点保护建设段。

4.2.1.2 亚洲象保护工程

1）生态选线减少干扰

该区域亚洲象迁移路线主要为南哈河→南木窝河→下穿现有小磨二级公路→上山。工程设定北线方案，在K129+740处跨越南木窝河让出K129+740~K130+460段亚洲象活动频繁区，在勐腊—尚勇段采用隧道替代路基方式建设亚洲象迁徙通道，最大限度的减少了对亚洲象迁移通道的影响（图4.2-1）。

图4.2-1　预留大象迁徙通道

2）建设降噪防护林

防噪林带采取沿公路两旁先低后高分层次种植的方式，边坡和平台用草皮覆盖，间隔种植密植常绿乔灌。在道路近旁种植灌木，远处种植乔木林带，林带位置靠近公路，其间距为6~15m，林带宽度不小于20m。

3）设立标识标牌保护动物生境

在大象可能出没的南木窝河和南哈河通道段，设置禁止鸣笛、禁开远光灯等警示标牌和减速行驶标牌，如图4.2-2所示；K127上行方向和K133下行方向位置设置亚洲象出没警示标牌和减速行驶标牌。

图4.2-2　设置警示标牌

4）落实施工期环评方案

一是施工前对参建人员进行教育培训，树立保护亚洲象意识；二是提前合理安排施工期各工序作业时间及高噪声设备的作业时间，尽量避免震动压实和钻孔工序与亚洲象的繁殖期重合，避免在亚洲象栖息地周边进行无任何降噪措施的钻孔、灌桩或切割等作业。

4.2.1.3　实施效果

据西双版纳州林业局统计，2018年全州现有的野生亚洲象数量已达300头左右，比20世纪增加了50~100头，其中勐腊县分布有120头左右，比环评报告统计数量有所增加。

4.2.2 珍稀鱼类保护

4.2.2.1 珍稀鱼类生境调查

小磨高速公路工程建设主要涉及两处珍稀鱼类保护区，一是罗梭江鱼类自然保护区，二是南腊河国家级水产种质资源保护区。主要考虑施工期的生产废水、固体废弃物、噪声等对鱼类栖息地的影响。

（1）罗梭江鱼类保护的重点路段是 BK48+000~BK56+000 段，此段伴行罗梭江鱼类自然保护区核心区。罗梭江的保护鱼类主要为大鳍鱼、长丝鱼芒、红鳍方口鲃、裂峡鲃、鲃鲤、湄南缺鳍鮀、叉尾鲇、巨鲶、长臂刀鲇、中国结鱼等，工程建设要最大限度减少对鱼类的影响。

（2）南腊河鱼类保护的重点路段是 EK120+360~EK121+260，该影响区域的水面宽度为 8m，方案为修建一跨河大桥。原工可设计为一座涉水桥墩，后期经过和设计院及建设单位沟通，此处可以改为一跨跨越，不设涉水桥墩。

4.2.2.2 鱼类保护措施

1）加强教育宣传

在施工前对施工人员开展环保教育培训，严禁捕捞，加强桥梁施工的环境管理，施工期间未发生参建人员捕捞情况。

2）合理制定施工方案

加强对鱼类产卵场的保护力度，罗梭江大桥和南腊河大桥桥梁下部施工已避开鱼类繁殖期（3—5月）和丰水期，以免影响鱼类的繁殖和短距离洄游行为。

3）加强施工期管理

所有施工钻渣及泥浆全部运至指定的弃土场，以减少对水环境和水生生态环境的污染。制定严格的禁止非法捕捞鱼类的管理条例和措施。

4）悬浮物防治措施

施工期间根据具体情况适时对施工现场、交通道路每天洒水至少3次（降雨日除外），春季干旱多风日可适当增加洒水次数。不在大风天施工作业，尤其是引起地面扰动的作业。限制运输车辆的行驶速度，施工现场内的行车速度不得超过15km/h。运输石灰、中砂、水泥等粉状材料的车辆覆盖篷布，以减少撒落和飞灰。

5）风险事故防治措施

制定施工事故预防措施，在大型机械布置点设置隔油池，在拌和场设置沉淀池，避免施工机械油污进入保护区水体防止施工污水进入保护区水体以及施工废渣排入保护区水体。营运期对运输有毒和有害固体或液体的车辆通过保护区实行批准制度，必要条件下禁止通行。

6）土围堰改成钢栈桥

涉水的罗梭江四排桩基和墩柱工可施工方案为土围堰，为了减少对罗梭江珍稀鱼类的影响，小磨高速公路通过增加投入近400万元，变更为更环保的钢栈桥方案进行施工，最大限度保护珍稀鱼类（图4.2-3）。

图4.2-3　土围堰改成钢栈桥

7）严格履行补偿职责

根据影响评价结果，西双版纳州交通运输局和西双版纳傣族自治州农业局签订了南腊河水生生态补偿协议书和罗梭江水生生态补偿协议书。小磨高速公路建设指挥部严格履行补偿职责，将补偿资金交与西双版纳傣族自治州农业局，用于施工期间的污染监管、河流生态修复、特有鱼类增殖放流、设施建设、鱼类救护及渔政管理、科学研究、鱼类资源监测等保护措施（图4.2-4）。

图 4.2-4　生态补偿增殖放流

4.3　植物保护

小磨高速公路建设过程中，以"最小破坏，最大保护"为植物保护的主线，把设计作为植物保护的促进因素。哪些植物需要移栽，哪些植物需要工程措施保护，都进行了充分论证后才开始施工；摒弃先破坏，后恢复的陋习，最大限度保护沿线植物。

4.3.1　原生植被保护

4.3.1.1　基本思路

原生植被是热带雨林的重要构成部分，是土生土长的且经过自然淘汰法则考验的生态系统类型，具有十分稳定的系统功能，是区域生态系统的基础和标志。所以保护原生植被是保护原生生态系统的基本要求，也是维持区域生态平衡的重要举措。

西双版纳气候适宜，被称为"植物王国"，沿线植被生长茂盛，种子植物类型共计114科、448属，附近山坡除积年累月形成的完整的原始林外，还有橡胶林、香蕉林等经济林木。公路建设应对其进行保护，减少对自然环境的破坏。保护措施除了生态选线避让、原地保护之外，还要采取工程措施保护原生植被。

4.3.1.2　原生植被保护方案

从设计阶段开始，就采取各种技术措施对沿线植被，尤其是对雨林植物进行保护。在施工进场前设置环保组织机构，召开植物保护专题会，针对雨林植被采取一系列保护措施，对植物保护进行专门监管，各施工项目部设置环保负责人，控制可能产生的负面影响。

1）控制清场范围

保护原生植被的首要措施是，在工程开工之前，首先明确施工清场范围内需要保护的植被，严格划定施工红线，在红线范围外采取措施，能不砍的一棵不砍。

2）截枝断顶，保护桥下树木

在桥梁施工中，尽力缩小施工的作业面，对于桥下高大的林木在整体保护的基础上，除桥墩占用的林木外，其余均不准砍伐。桥墩下的珍稀树木，能移植的尽量移植。对于与桥梁基础位置不冲突的高大树木，采取断顶、截枝的办法最大限度保留树木的完整性（图 4.3-1）。

图 4.3-1　保护原生植被

3）原地保护

对于施工范围外的植物采取就地保护。例如互通区的植被主要为橡胶林，施工过程中保留三角区的全部乔灌木，公路建成后成为小磨高速公路特有的橡胶林绿化景观。

4）移植利用

对于公路征地范围内必须清除的植被、树木，则在详细调查的基础上制定树木移植利用的措施,在后期绿化工程施工中将这些移植的树木进行利用。

5)尽量减少施工便道

合理安排施工时序,最大限度减少施工便道修建,从而减少用地范围和生态影响。七道班隧道出口采用先修联系桥梁再利用桥梁修建隧道的方法,省去了修建施工便道。采用此方法可以最大限度减少了山体破损和植物破坏,基本做到了零开挖,是效果非常好的生态保护手段(图 4.3-2)。

图 4.3-2　先修桥梁再修建隧道减少施工便道

6)采取工程措施保护

施工阶段通过收缩坡脚、工程防护、增大边坡坡度等措施,尽量减少线路对周围土地的占用,对有价值的天然林进行保护,取得了良好成绩。

为了保护坡顶天然林,增大边坡坡率,避免因边坡滑塌造成的坡顶植被破坏,边坡采用抗滑桩和锚杆框格防护措施,虽然增加了工程造价,但该边坡防护工程有效地保护了坡顶天然林保护区植物的生长环境,具有很大的环境效益,见图 4.3-3。

图 4.3-3　工程措施保护天然林

4.3.2　珍稀植物保护

4.3.2.1　珍稀植物调查

在线路土建施工中，沿线遇到很多珍稀植物，建设单位委托西南林学院对工程沿线植物进行调查，通过调研，编制报告，提出了"环保水保记心头，绿色公路作指导，强化管理靠制度，监测咨询控方向"的工作思路。

根据调查记录结合保护等级，区域内至少有建议保护的近危乔木 57 株，必须保护的受威胁乔木 173 株，以及胸径大于 1m 的古树 9 株。草本植物有建议保护的近危物种 2 种，必须保护的易危物种 1 种（图 4.3-4）。

昆磨高速公路小勐养至磨憨段工程水、环工作第一次现状调查情况

小磨高速公路建设指挥部
云南狄尼环境科技有限公司
二○一五年十二月二十七日

图 4.3-4　对沿线珍稀植物展开调查并编制方案指导施工

4.3.2.2 珍稀植物保护方案

1）乔木移栽利用

在线路土建施工中，沿线遇到很多珍稀乔木植物，建设单位委托西南林学院对工程沿线植物进行调查，并对 3642 株国家一、二级保护乔木进行了移植保护。植物保护措施不但有效保护了沿线的珍稀植物、有价值的大树，而且为沿线提供了一道特殊的"绿色"景观。对于不能进行移栽迁地保护的，在砍伐之前从每棵树上不同部位采集种子或其他繁殖体；不能直接繁殖的种类需采用空中压条、组织培养等方式进行繁殖（图 4.3-5、图 4.3-6）。

图 4.3-5　珍稀植物移植

图 4.3-6　保护基地现场

2）小乔木、灌木、木质藤本和幼树保护

国家珍稀保护植物可通过移栽的方式进行迁地保护。对于藤本植物的移栽，由于毛车藤和大叶岩角藤的木质化程度都不高，先剪去大部分茎藤，连根保留 1~2m。采用扦插的方式繁殖大叶岩角藤。

3）草本植物保护

受保护草本植物主要通过移栽加以保存，移栽过程有专业技术人员的指导，或委托园林局或植保站技术人员进行移栽。

4）植物回栽

土建施工完成后，将珍稀植物依据其特性回栽到适宜场地，使其服务于后期绿化（图 4.3-7）。据统计，回栽种植的珍稀植物有大红酸枝、海南黄花梨、千果榄仁、檀香紫檀、羯布罗香、版纳黑黄檀、降香黄檀、大果紫檀、交趾黄檀等共 7000 多株。

图 4.3-7　印度紫檀、构树回栽现场

4.3.3　古树名木保护

4.3.3.1　基本思路

小磨高速公路项目沿线大部分地区生态环境良好，在修建过程中，加强施工期管理，并在建设和施工单位中积极宣传，正确认识古树名木的重要性，减少人为因素对古树名木的影响。积极与当地居民沟通，取得当地居民认可和谅解。

经现场调查，沿线因路基施工受到影响的古树名木约有 11 株，主要对这些古树名木采取严格的保护措施。

4.3.3.2　名木古树保护措施

小磨高速公路在施工过程中，采取以下措施对古树名木进行保护。

1）改移线位

对古树名木保护最直接有效的措施是：避免公路线位与古树名木及其一定范围内的生长环境产生交叉，使公路尽量远离这些古树名木，小磨高速公路在设计及施工阶段，建设者对于在路线征地范围内发现的古树名木，首先考虑了调移线位的可能性，从源头上解决古树名木的保护问题，当线位无法改移时再考虑其他保护措施。

案例1：

勐宽立交附近路线外侧方案，正好穿过2株当地少数民族心目中的"神树"（古树），这2株古树被赋予较浓厚的感情色彩，已充分融入到当地居民的日常生活中。若方案不进行调整，势必要砍伐或移植"神树"，而这是当地居民无法接受的方案，为此施工图设计阶段对方案进行了调整，采取改移线位避让古树的措施，虽然投资有所增加，但古树却被完好地保留下来，见图4.3-8。

图4.3-8　勐宽立交附近古树保护

案例2：

勐腊2号隧道出口，路线外侧，有一株古树，按照原方案，此棵古树将被砍伐。为了保护这棵珍贵的古树，采取了调整线位避让古树，见图4.3-9。

案例3：

勐腊三号隧道口中间，隧道左幅进口ZK110+544右侧边桩5m处有棵胸径为1.8m的古老榕树。通过优化设计进行线路避让，并将古树进行了围挡保护的保护方法，原址保护了这株古老榕树，见图4.3-10。

图4.3-9　勐腊2号隧道出口古树保护　　　图4.3-10　勐腊3号隧道口古树保护

2）工程结构物保护

当局部路线方案调整的余地较小或对路线方案进行调整后可能会产生新的更大的环境破坏时，则考虑在局部路线方案中增加工程结构物的形式进行适当保护，以避免路线对临近的古树名木产生较大的影响，保证其正常生长。

案例1：

巴洒2号隧道口上方处有一棵古老的珍稀树种，如果按照原设计，势必会破坏这棵珍稀的保护植物。因此，在施工阶段调整了坡比以及开挖线外移。边坡的坡度以将该树的整个根系保留下来为标准，如今，这棵大树安然无恙地站在那里默默地陪伴着小磨高速公路，构成一道靓丽风景，见图4.3-11。

案例2：

K140+300处古树位于路线中央分隔带，在路面较高一侧中分带波形板改为混凝土挡墙，做好围栏和挂牌，实施就地保护。此路段为右侧拼宽，已有半幅公路保持现有分离式路基的形式，不会对榕树产生影响，见图4.3-12。

图 4.3-11　巴洒 2 号隧道古树保护　　　　图 4.3-12　K140+300 古树工程措施保护

4.3.4　既有绿化物利用

对小磨公路沿线有价值的植物进行了保护。以小叶紫檀为例，仅土建 6 标内（桩号：K42+900~K56+400）就有小叶紫檀 2400 余株被移入临时苗圃，后期用于服务区、停车区、隧道洞口、路侧行道树的建设（图 4.3-13）。

图 4.3-13　对沿线保护植物进行移植保护

4.4 生态边坡防护

公路建设中难免造成大量边坡裸露，不仅会改变沿线的自然地貌特征，还会造成沿线生态破坏。传统的边坡工程加固措施，大多采用砌石及混凝土防护等灰色工程，破坏了生态环境的和谐。随着人们环境意识的增强，生态防护技术逐渐应用到工程建设中。生态防护技术不仅利于边坡稳定，还能节约资源、美化环境、修复生态，具有高效、环保、经济的优势。

4.4.1 生态边坡修复原则

4.4.1.1 生态效益最大化

小磨高速公路建设过程中严格执行"开挖一级、防护一级、绿化一级"（图4.4-1），最大限度减少坡面裸露时间，向时间要环境效益。

图 4.4-1　开挖一级、防护一级、绿化一级

4.4.1.2 生境可容性

在土壤、气候等环节条件可容性的限制范围内，进行生态系统功能与服务最优化的设计；同时在经济条件允许的范围内，尽可能改善植物生长环境条件，扩大生境可容性。

4.4.1.3 经济适用

为了体现对环境最大的保护，生态边坡材料尽量选用可降解、对环境无污染的材料，同时护坡材料尽量就地取材，降低成本。在小磨绿色公路边坡修筑的过程中，结合边坡特征，对边坡修复进行绿色的方案探索，包括绿篱笆生态修复技术、新型基材砖边坡防护技术和新型植生袋边坡防护技术，为沿线乃至全省的边坡绿色修复提供借鉴。

4.4.2 绿色环保型边坡修复

小磨高速公路沿线自然条件良好，植被覆盖率达到95%以上，为了保证与周围环境的自然融合，减少工程线路对环境造成的"伤疤"效应，需尽量对沿线所有边坡进行植被恢复，避免地表裸露。

4.4.2.1 绿篱笆生态修复技术

1）基本理念

绿篱笆生态修复技术的理念是运用绿色、低碳材料改变边坡生境，并进行原生态修复的一项系统工程，主要包括绿篱笆防护设计、篱笆固定技术、表土回填固定技术、植被恢复技术。绿篱笆生态修复技术，如图4.4-2所示，首先要改变边坡的生境，包括绿篱笆设计和固定，然后进行原生态修复，表土回填和植被恢复，实现边坡的原生态恢复。

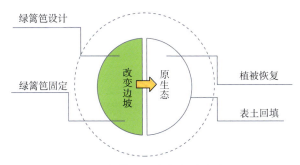

图 4.4-2　绿篱笆生态修复技术路线图

2）技术应用方案和效果

小磨高速公路中边坡应用的绿篱笆生态修复技术，充分利用沿线丰富的绿色、生态、无污染、可循环的材料，包括竹篾、树干、废旧木板、活的植物等做成栅栏，在坡面形成水土截留槽和坡面排水系统，水土截留槽能够有效保水、截留土壤，进而达到对边坡土壤的固定，实现坡面土壤的保护和持续发育；坡面排水系统能够在坡面遭遇强降雨时快速排水，在坡面生态修复早期，有效减少坡面水土流失，保证植被的可持续生长。

经实验研究得出，采用绿篱笆生态修复技术，对植物生长具有显著的促进优势。截止目前来看，使用绿篱笆生态修复技术的边坡已经达到100%植物覆盖，表现出良好的稳定效果，是一种值得推广的边坡生态修复技术，见图4.4-3。

图4.4-3　绿篱笆生态修复技术使用效果

4.4.2.2　新型基材砖边坡防护技术

1）基本思路

小磨高速公路沿线具有典型的热带雨林特殊的气候特征，存在土壤缺乏种植层、土壤难固定、易冲刷、易滑落、易坍塌等问题。利用污泥（包括污水污泥、塘泥、糖泥等）作为原材料，并结合其他材料，经过试验设计及某种工艺形成一种护坡新型基材砖；具有绿色、抗压和抗折的优势，达到护坡和土壤稳固目的，同时基材砖的硬度不影响植物根系穿插生长，保证在坡面形成稳固的土壤，实现土壤和植被持续稳定恢复。新型基材砖边坡防护技术，打破了原有公路边坡生态修复以植被恢复技术为主的特点，强调生态修复首先要以边坡土壤重建、改良和修复为前提和基础。图 4.4-4 为新型基材砖生产工艺流程。

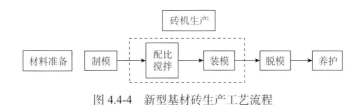

图 4.4-4　新型基材砖生产工艺流程

2）新型基材砖的制作方法

（1）材料

土壤、污泥、椰丝、锯末、种子、胶结等材料。其中土壤、污泥、锯末过 60 目筛，去除土壤、污泥和锯末中的大颗粒、石渣等粗粒结构，使土壤、污泥和锯末的颗粒均匀，有利于增加黏结度。椰丝采用当年生产的椰丝，保证椰丝的柔韧性和强度，其直径 0.5~0.8mm；根据需要，剪切成小于 10cm 和 35cm 的长度。胶结材料为水泥。

（2）制模

根据需要设计特定的模型，并由模具厂进行制模。如图 4.4-5 所示的中空缺角四边形砖，由水平 8 条椰丝和垂直 8 条椰丝交叉而成，模具的底部和四边各有 8 个小孔，孔直径 1mm，供椰丝交叉穿过，形成类似钢架结构，起连接砖体的作用。四边形砖边长 25cm，厚度 10cm。

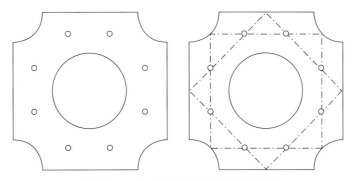

图 4.4-5　中空缺角四边形模具俯视图

如图 4.4-6 的六边形空心砖模具，在模具的底部每一边各有 2 个椰丝孔作为垂直椰丝的穿孔，在模具的每一侧边上下各有 2 个孔，孔直径 1mm，供椰丝水平穿插，椰丝上下左右穿插，形成类似钢筋结构，增强基材砖的强度。六边形空心砖边长 20cm，厚度 10cm。

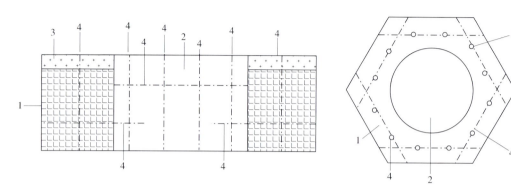

图 4.4-6　空心六棱砖模具剖面图和平面图
1- 砖体；2- 空心体；3- 草种层；4- 椰丝

（3）生产、脱模和养护

生产：按照各材料配比取料并混合，用搅拌机搅拌，搅拌均匀后装模，放入砖机振动箱振动，振动完成后放置于阴凉处。

脱模：在阴凉处风干 3 天后取下模具，继续通风阴干。

养护：隔一周把基材砖翻转，继续阴干，养护两月后彻底干透备用。

3）基材砖生态恢复技术工艺。

（1）坡面平整清理。

（2）基材砖叠放。

（3）空心砖中空部分覆土。

（4）空心砖中空部分种植。

（5）养护（图 4.4-7）。

4）生态效果

勐伦服务区 A 区，土石混合边坡，和 K50+580~K50+670 均使用了新型基材砖技术，如图 4.4-8 所示。经实验研究表明，基材砖能提供充足养分，使用新型基材砖技术的边坡植物出苗整齐，覆盖率达到 100%，植被生长量大，且迅速形成优势种群，呈现出良好的效果。

图 4.4-7　新型基材砖制作与施工

图 4.4-8　新型基材砖使用效果（K50+580~K50+670）

4.4.2.3　新型植生袋边坡防护技术

新型植生袋边坡防护技术是利用麻类纤维制成植生袋，从大自然来的原材料，再返回到大自然中去，实现真正的低碳生态修复。

1）制作方法

（1）材料选择

植生袋分两层，外层为薄层黄麻织物（直径2mm细麻绳；网目5cm×5cm；网绳编织成菱形有节网），内层为黄麻木浆纤维复合制无纺布。植生袋外型为矩形口袋，尺寸规格为：40cm×60cm，为薄层黄麻织物与黄麻和纸浆纤维复合制无纺布相结合经机器滚压和针刺的复合定位工序，形成的口袋。

（2）生产工艺

小磨高速公路选用的植生袋采用黄麻纤维制成，经过专用制绳机制成直径为2mm的细麻绳，考虑麻的强度和韧性相对较差，因此用网织机做成菱形

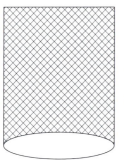

图 4.4-9 新型植生袋

有节的矩形口袋（规格为 40cm×60cm）网目 5cm×5cm，作为外层，内层运用纸浆与黄麻纤维制成复合无纺布，保证植生袋不会因为破损而引起整个植生袋结构的破坏，也保证了植生袋的老化速度，见图 4.4-9。

2）施工工艺

在植生袋内装入拌好的土壤，封袋即可上坡。根据边坡特性，选择适当的植生袋施工方法。主要工艺如下：

（1）坡面清理。

（2）植生袋水平交错叠放。

（3）浇水。

（4）养护。

3）生态效果

以 K40+575~40+56.35 路段为例，将新型植生袋用于右幅右侧上边坡的石质框格梁结构内，如图 4.4-10 所示。麻植生袋在边坡实施工程后三个月后植被覆盖度达 80%，经恢复一年后，覆盖度达 100%。

图 4.4-10　K40+575~40+56.35 新型植生袋效果

4.5　岩石边坡生态排水

小磨高速公路地属热带季雨林气候，线路穿越景洪市和勐腊县，据气象站资料，景洪和勐腊降水量较丰富，年平均降水量为 1311.1mm，5—10 月为雨季，降雨量占全年降水量的 83.3%。强降雨、暴雨的特殊气象条件，对山区公路高陡边坡的排水提出了更高的要求。

岩石边坡土壤排水系统排水效率低，岩石边坡中不能很好的保持住框架中的土壤，易造成岩石边坡土壤的水土流失，会对土壤造成一定的污染。针对这种情况，提出一种岩石边坡的低碳生态防护系统，即运用绿色低碳材料设计坡面排水系统。

4.5.1 生态排水系统设计

小磨高速公路 K36+200~K36+243 段左侧左幅岩石边坡，沿坡面水平方向 25°和 155°每隔 70cm 与坡面呈 75°角平行排列可降解板材（废旧木板或竹篾栅），在坡面形成截流槽和菱形格，形成坡面最佳的排水系统网和保水系统格，既有利于多余的坡面径流水分沿沟槽排出，又有利于坡面土壤渗透吸水。

第一可降解板材与第二可降解板材通过锚杆与绳子固定形成稳固的框格梁结构，是一种低碳的生态防护系统。菱形框格梁内放置麻植生袋，且植生袋内用表土填充，既能保证边坡土壤尽可能的少流失，保证植物的正常生长；而且麻植生袋的表土具有丰富的种子库，进一步保证了边坡的原生态恢复。

此外，植生袋随着边坡植物根系的不断生长稳固会逐渐腐烂变成养分，是非常好的植被原生态恢复系统。能有效保持岩石边坡中土壤水分，遇强降雨、强暴雨时又能有效排出岩石边坡土壤中多余的水分，且所选材料均为环保材料，不会对土壤造成任何影响。具体技术方法如图 4.5-1 所示。

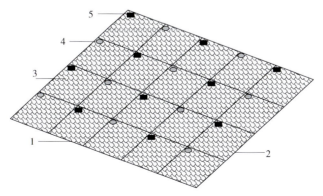

图 4.5-1 低碳生态排水系统

1- 第一可降解板材；2- 第二可降解板材；3- 植生袋；4- 木质锚杆；5- 钢筋锚杆

4.5.2 生态排水效果

实践证明，岩石边坡的低碳生态防护系统，在改善土壤理化性能方面具有较好的效果。通过雨季前后不同边坡防护措施下土壤氮、磷、钾、pH 值、有机质的变化对比，结果表明岩石边坡生态排水防护措施能够有效地防止了土壤水解氮、速效磷、速效钾的损失，并增加土壤有机质含量，增强土壤的肥沃程度。

4.6 弃土场生态复垦

本项目路线长，全线土石方量较大，不可避免地要在公路沿线两侧一定范围内设置弃土场。传统思想认为弃土场会占用大量土地资源，对周边环境不可避免产生破坏，小磨高速公路弃土场选择在荒地等土壤较为贫瘠、保水保肥能力差的地方，通过工程完成后弃土场生态复垦，将更高质量的土地还给人民，不但没有减少土地资源，反而提高土地利用率，增加土地收益，恢复和改善了土地生态环境。

4.6.1 弃土场布设方案

弃土场在实际施工时，为了减少长距离运输修建施工便道数量和降低弃土场规模，将原设计的弃土场化整为零，变为小型弃土场。本项目原方案设计有 31 个弃土场，工程建设过程中实际启用 75 个，与水保方案相比增加弃土场 44 个，取土场 2 个，占地 186.86hm^2。

弃土场选址时以容量大、地质条件好为前提，充分征求当地国土、林业和水务的意见。不占用基本农田，避开重要保护设施和村庄，不在水源地保护区、水功能一级区的保护区和保留、自然保护区、世界文化和自然遗产地、风景名胜区、地质公园、重要湿地和有地质灾害危险的区域布置取弃土场。弃土场在沟道或河滩地位置的，为了不影响沟道和河道行洪，对沟道进行改道，使之布置在洪水位以上。

4.6.2 弃土场利用与恢复

4.6.2.1 施工过程利用

为了减少临时设施对资源的占用和对环境的破坏，在施工过程中充分利用弃土场布设施工营地、拌和站等临时设施，增加对弃土场的利用率。

4.6.2.2 纳入地方规划

在弃土场选址前，与地方政府充分沟通协商，尽量将弃土场与当地产业规划相结合，在施工完成后，移交弃土场作为地方产业开发场地。

4.6.2.3 恢复与复垦

1）坡地改台地

对于坡度比较大的弃土场，对弃土场进行分台整形，一是为了便于复垦后农民耕种，二是可以减少水土流失，如图4.6-1所示。

图4.6-1　对弃土场进行分台整形

2）复垦为农田

对距离村庄较近的弃土场复垦为农田，将土地分台整形为台地，再通过利用前期收集表土覆盖及时恢复土地生产能力，将高质量农田还予地方，相比征地前土地肥力更高，台地形式更适合耕种。

3）复垦为经济林地

距离村庄较远的弃土场，农民不便于耕种，通过土地整形和覆盖地表土等措施，复垦为林地；树种来源优先考虑施工前对大树进行移植，数量不够的情况下再在当地苗圃购买。

4）自然植物恢复

弃土场自然植被恢复按照自然规律，尽量营造接近自然状态的植物群落，加速生态恢复的环境协调和生态稳定性，使其自主演替、自我循环。

案例：

渣场生态恢复采用原生植物，经过一段时间，监测到昆虫、两栖类和爬行类小动物已进入该区域活动，表明已经基本恢复了该地块原有生态功能，实现了景观的连续性和自然性，从而达到项目建设与自然和谐，见图4.6-2。

图 4.6-2　渣场绿化恢复

> 坚持生态兴则文明兴
> 打好污染防治攻坚战
> 功在当代、利在千秋，关系人民福祉，关乎民族未来

第5章 污染防治 生态实践

5.1 水体污染防治

5.1.1 施工期污水治理

施工现场产生的污水主要包括施工污水和生活污水两大类。小磨高速公路在施工过程中采取了以下措施对施工和生活污水进行处理。

5.1.1.1 施工污水处理

施工污水主要包括地下水，钻探水、混凝土搅拌用水和混凝土养护用水等，这些水含有大量泥沙和悬浮物。针对施工产生的污水，采用三级沉降池进行自然沉降，污水经过沉淀后排入市政管网，地下水可以用于道路降尘、厕所冲洗，如图 5.1-1 所示。

图 5.1-1 施工污水三级沉淀池

5.1.1.2 生活污水处理

小磨高速公路施工过程中的生活污水包括了工地厕所的污水和工地厨房的废水。工地厕所配置了无害化化粪池，接驳市政工程的污水处理设施。工地厨房废水由于有大量的动植物油，因此需要经过油污去除后再排放至市政污水处理管网。

5.1.2 桥面径流污染防治

公路桥面径流主要污染物包括重金属、矿物油类、氯化物、化学需氧量（COD）、SS、五日生化需氧量（BOD）、多环芳烃（PAHs）等。

小磨高速公路为避免桥面径流对水体的污染，对跨越菜阳河、南醒河、罗梭江、南远河、南腊河、南木窝河等6条河流的桥梁修建了桥面径流收集工程。径流事故收集系统是由收集管道和径流事故收集池两部分组成。收集管道一般沿桥面坡度铺设，将桥面各泄水孔排水截流收集排至径流事故收集池。桥面径流事故收集系统工艺流程如图5.1-2所示。

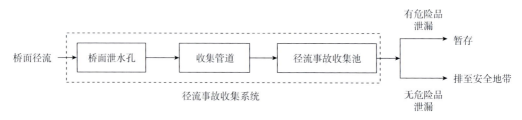

图5.1-2 桥面径流事故收集系统工艺流程图

全线设置桥面径流应急收集系统的桥梁合计29座，同时对原有幅径流收集系统损坏部分进行了修复。确保所有跨河桥梁的桥面径流能够得到有效收集和处理（图5.1-3）。

5.1.3 服务区污水收集处理

5.1.3.1 服务区污水特点分析

高速公路服务区设施包括超市、洗手间、住宿间、餐厅、加油站等，因此高速公路服务区污水一般由生活污水、餐厅污水、洗车污水、加油站污水等组成。污水以生活污水、加油站清洗污水为主，其污水水质与典型生活污水水质和洗车污水相近。服务区污水具有其特有的特点：氨氮含量高，色度高，化学需氧量大，磷、重金属、油污等污染物含量高，水质复杂，水量波动大。高速公路服务区污水的水质水量变动较大的特征与交通量有很大关系。服务区常住人员少，主要是来往旅客车辆停靠产生污水。车辆的来往具有一定有随机性。因此，发生的水量也具有较大的波动性。

图 5.1-3　桥面径流收集系统

5.1.3.2　国内高速公路服务污水处理技术概况

20 世纪 90 年代中期以前采用普通化粪池作为污水处理设施，出水水质较差。以后采用地埋式一体化污水处理设施，出水一般都能达到《污水综合排放标准》（GB8978—1996）二级标准。目前，部分早期建设的高速公路服务区虽然能实现达标排放，但是存在污染物去除率不高，设备运行成本高，故障维修成本高，不能实现中水回用来节能降耗等问题。

近几年高速公路服务区还有采用活性污泥法、SBR法、MBR法、生物氧化塘法等其他方式处理污水。高速公路污水处理技术开发方向，是结合服务区污水特点，采用先进工艺，在达标排放基础上做到占地小、低能耗、低故障、低成本和高去除效率，同时尽可能满足中水回用，实现绿色服务区理念。

5.1.3.3 小磨高速公路服务区污水处理方案

小磨高速公路全线9个匝道收费站、1个主线收费站、5对服务区全部设置污水集中收集、处理系统，做到中水回用、污水零排放。全线所有服务区做到了雨水、污水分流，雨水经场地雨水管网及排水沟系统排放，污水经MBR生物膜处理系统处理，污水处理达标后进行排放。MBR膜生物反应器，是一种将高效膜分离技术与传统活性污泥法相结合的新型高效污水处理工艺，它用具有独特结构的MBR膜组件置于曝气池中，经过好氧曝气和生物处理后的水，由泵通过滤膜过滤后抽出。MBR技术处理后的水能够达到再生水回用标准，因此一方面降低了废水的排放量，另一方面，提升了水资源的利用率；同时具备处理能力强、效率高、自动化程度高等特点（图5.1-4）。中水回用如图5.1-5所示。

a)

b)

图 5.1-4 服务区污水处理系统

图 5.1-5　中水回用绿化

5.2　大气污染防治

5.2.1　施工期大气污染防治

5.2.1.1　公路大气污染来源

公路施工建设期间的大气污染物主要是施工扬尘和沥青烟雾。具体来源于四个方面：（1）拌和场（站）拌制过程、沥青摊铺过程中产生的烟尘、SO_2、NO_x 等；（2）施工运输车辆排放的汽车尾气；（3）路基、路面、隧道以及砂石料堆放场等产生的粉尘与扬尘污染；（4）施工机械产生的大气污染物。

5.2.1.2　防治措施

1）源头控制

采用新型环保设备。安迈 4000 型拌和楼的除尘装置优于其他拌和楼，沥青拌和料搅拌设备在生产过程中，烘干、筛分、热骨料输送、称量及拌和等工序都有大量的粉尘排出，经洒水装置将其收集起来，以减少对周围环境的污染（图 5.2-1）。

2）过程控制

小磨高速公路在施工期制定了大气污染防治方案，隧道开挖、钻孔时采用湿法施工，对隧道口施工扬尘和施工便道的路面扬尘采取洒水降尘措施，减小对周边空气的影响，如图 5.2-2 所示。

图 5.2-1　安迈 4000 型拌和楼除尘装置

图 5.2-2　不同的施工现场扬尘防治

5.2.2　运营期大气污染防治

5.2.2.1　基本思路

公路运营期间隧道大气污染的主要原因是隧道内汽车排放的尾气聚集。由于隧道是个相对闭塞的空间，污染物不易扩散，所以隧道内污染空气的浓度会逐渐积累。当有害成分浓度增大时，会对驾驶人员和乘客的身体健康造成危害，同时也危及行车安全。运营期隧道大气污染防治，主要是通过隧道通风等措施。采用机械纵向通风方式配合智能通风控制系统，是解决公路长大隧道空气污染问题的最经济和有效的方法。由于隧道通风安装和运营成本较高，如何在保证空气质量前提下节约能源是目前长大隧道通风研究的热点，显然，应尽量利用自然风。此外，连续隧道群具有污染空气窜流、车流连续通过等特点，因而通风设备必须考虑联合效应，开展空气窜流防治。

5.2.2.2 隧道自然风利用

小磨高速公路自然风利用原则如下：机械通风风向及方式应综合考虑自然风主风向与交通风方向；当自然风速大于设计风速且足够克服交通风和隧道沿程损失时，完全利用自然风；当自然风风速小于设计风速，且不能完全克服交通风和隧道沿程损失，开启部分风机，部分利用自然风（图 5.2-3）。

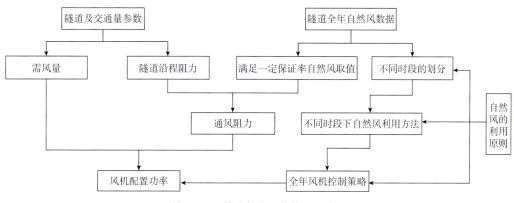

图 5.2-3　利用自然风节能通风流程

5.2.2.3 连续长隧道污染空气窜流防治

小磨高速公路山区段隧道众多，通过各隧道的车流具有明显的次序，因此可以将上游监测点位的车流和污染物监测结果应用到下游隧道智能通风控制系统，即通过前馈式智能模糊通风控制系统，实现隧道群联合空气污染防治。在需要布设通风设施的隧道均采用前馈式智能模糊通风控制系统进行隧道通风控制。

小磨高速公路前馈式智能模糊通风控制系统主要包括交通流监测装置、隧道空气污染物监测装置、交通流预测模型、空气动力学模型、污染模型及前馈式智能模糊推理控制器等部分。通过应用该系统可以产生以下几方面的效益：(1)对将来的交通量及交通组成进行预测，做到来多少车就送多少风，有效控制隧道内空气污染；(2)通过对交通流进行预测，可提前开启或关闭风机，解决反馈控制的时滞性问题；(3)通过 AI 模糊控制器，可防止不良车辆行走时引起的波动，并获得更加安定的通风效果；(4)对风机进行最优化组合，最大限度地减少风机的开停频度（图 5.2-4）。

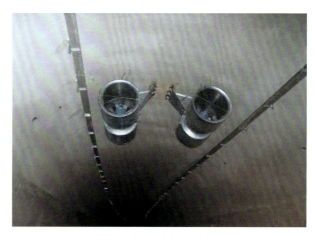

图 5.2-4　新建曼戈龙隧道风机

5.2.3　新能源利用工程

小磨高速公路的隧道管理站、收费站、服务区等各类建筑的生活热水均采用太阳能系统集中供给，使用太阳能清洁能源，减少了传统燃煤锅炉或者燃油锅炉的使用，从而大量减少了传统锅炉的大气污染物排放。

在几个重点服务区，尽量采用太阳能发电配合电网供电（图 5.2-5），减少外界能源的供给和大气污染物的排放。全线 5 对服务区均设置充电桩，单侧预留 10 个桩位，合计 100 个充电桩。LED 灯大面积使用在隧道内、隧道口和沿线站点，隧道通风采用了智能通风系统，所有宿舍楼均采用太阳能供热。高速公路的监控系统也采用太阳能供电。

图 5.2-5　太阳能热水

5.2.4 ETC 工程

5.2.4.1 ETC 工程的节能效果

ETC 的使用可以减少车辆因排队而频繁启动、刹车的次数，减少汽车怠速行驶时间，从而可以达到节约油耗、减少污染物排放的效果。根据国内相关研究，ETC 车道通行相对于人工收费车道分别减少 NO_x、HC、CO 和 CO_2 排放 16.4%、71.2%、71.3% 和 48.9%，具有十分显著的节能降碳和降低大气污染排放的效果。

5.2.4.2 ETC 设置

小磨高速公路全线所有收费站进出口各设置一条 ETC 通道。全线的主线收费站和匝道收费站的 ETC 车道覆盖率达 100%。高峰时段，ETC 车道通行能力是人工收费车道的 5 倍以上，能够有效缓解收费站拥堵，大幅度降低了怠速导致的尾气污染排放（图 5.2-6）。

图 5.2-6 ETC 通道

5.3 噪声污染防治

5.3.1 现场核实敏感点

小磨高速公路中心线两侧各 200m 以内区域共有 41 个声环境敏感点，其中有村寨类敏感点 39 个，学校 2 个——关累曼累小学（K84+900~K85+105 路右 60m）和龙林小学（K104+280~K104+360 路左 110m）。施工期间，在敏感点基础上，结合现场实际情况增加监测，实时动态监测敏感点变动情况，灵活采取噪声防治措施。

5.3.2 噪声防治措施

在小磨高速公路的修建和运营过程中，控制噪声污染是绿色公路创建的重要内容之一。在实施过程中，主要通过施工期管理和噪声防治设施建造等方法进行噪声污染防治。

5.3.2.1 施工期管理措施

在沿线各敏感点附近施工时，严禁强噪声设备夜间施工，若无法避免，需经当地环保局审批后方可作业，并告示周围群众。距离敏感点近的施工点，设置临时隔声围挡，减小施工噪声影响。

5.3.2.2 声屏障工程建设

小磨高速公路建设过程中，针对全线 17 段声敏感点，共设置声屏障 5500m，并开展生态声屏障试点建设。建设声屏障总长 4110 延米，总投资 1223 万元，安装隔声窗 10 处（115 户），总投资 165 万元。从而使沿线超标声敏感点的噪声合乎达标要求（图 5.3-1）。

图 5.3-1　学校与民居处设置声屏障

5.4　固体废弃物循环利用

当前，我国高速公路服务区生活垃圾的收集处置仍未形成明确的体系，大多经垃圾桶收集后由专人就近清运至县城垃圾填埋场，然而垃圾填埋场运行超负荷、处理能力不足已现端倪。通过对小磨高速公路勐仑服务区运营期生活垃圾自处理技术进行设计应用研究，获取一种能应用于高速公路大型服务区分散式垃圾就地收集处置的有效技术。

5.4.1 热能垃圾处理设备

将垃圾倒入垃圾热分解室内，用可燃物引火启动。引燃时由于火焰离子化作用产生正离子和电子，同时释电材料释放电子，离散的电子在磁场和热能的激励作用下进行不规则加速运动，引起激烈相互撞击诱发电晕，并与邻接的有机物质发生链式电晕热等离子体反应。在各气流调节阀开启的条件下，腔体内有机物垃圾热分解过程中产生吸氧现象，空气经过空气磁化器转变成含负离子的磁化空气进入垃圾热分解室内并产生紊流，使链式电晕热等离子体反应扩散，加速有机物垃圾的热分解，如图5.4-1、图5.4-2所示。

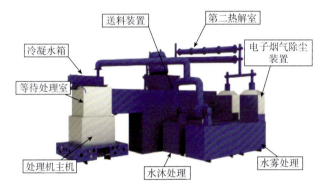

图 5.4-1　热能垃圾处理机设备构造图

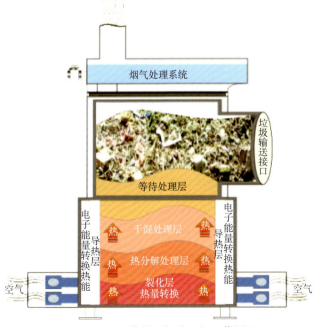

图 5.4-2　热能垃圾处理机工作原理

5.4.2 热能垃圾处理工艺

热能垃圾处理站设在勐仑服务区（图5.4-3），具体处理工艺流程（图5.4-4），如下：

图 5.4-3　勐仑服务区热能垃圾处理站

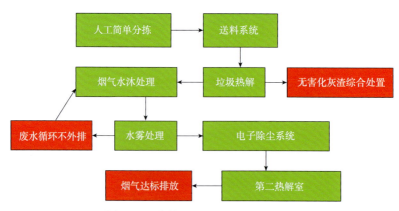

图 5.4-4　热能垃圾处理机工艺流程图

（1）垃圾简单分拣。

（2）倒入垃圾。将装好垃圾的挂桶挂在提升架的翻转架上，接通进料电控箱电源；按提升架上升按钮，挂桶升高并将垃圾倒入漏斗内；按下提升架按钮，降落垃圾桶装垃圾；按主油缸推进按钮，活塞推杆将垃圾推入进料箱体；按主油缸回位按钮。重复加垃圾。特别强调的是，按下主油缸推进按钮前，必须加2到3桶垃圾再推送，否则垃圾输送管道会因为垃圾填塞不实而导致管道内燃烧垃圾，出现烟气外泄。如遇停电，可打开进料备用门进料。

（3）疏通电子能量转换装置。每次加完垃圾，要用小通条对装置进行疏通，以防堵塞。

（4）加水。向冷凝水箱加水（不超过警戒标记）。

（5）点火启动。打开前后出灰门盖，即可点火。第一次启动时底层放干稻草、枯草、报纸等，上面投放比较干的垃圾。确保垃圾燃烧后，关紧前后出灰门。在垃圾处理机没停电的情况下不需要每次加垃圾点火。

（6）取灰。一般两天左右要打开前/后出灰门检查一次。如果残渣较多，要及时取出。（注意：取灰时，在机器腔体内最底部四个角落同时取出，只需保留约10cm左右的底灰，以保持最佳处理状态）。

5.4.3 固废处理工艺效果

根据ZKGX20180806-05-06-002（烟气检测报告）、ZKGX20180806-05-06-005（循环水检测报告）和ZKGX20180806-05-06-005（灰渣检测报告）显示，勐仑服务区生活垃圾自处理设备烟气完全符合《生活垃圾焚烧污染控制标准》（GB18485—2014）的要求。灰渣为一般固体废弃物，剩余灰渣低于《生活垃圾填埋场控制标准》（GB16889—2008）的限值且废水循环无外排。

小磨服务区固废处理工艺效果及效益较好，具有以下特点：

（1）处理设备节能：主机处理垃圾时不用油，几乎不用任何燃料或仅用少量燃料，仅送料系统及烟气电解需耗能。

（2）处理工艺环保：处理后的废气完全满足地区及国家要求要求，残渣符合国家排放标准。

（3）减量显著：经热解处理后的有机物垃圾最终减量在95%以上。

（4）设备占地面积小：可实现在垃圾源头就近处理，机动灵活，无需收集转运和集中处理，可节约大量土地资源。

（5）设备操作简便：普通环卫工人通过短期培训均能操作，维护保养非常简单，节省人工，1~2人即可操作。

（6）可处理任何有机废物：无需复杂的分类和分选及前加工处理。包括废塑料、橡胶、石油污染物及动物尸体等。

（7）无害化处理彻底：由于采用特殊处理工艺流程，使热解燃气中的二噁英含量低。

（8）处理成本低：占地面积小，建设投资少。同时热解炉充分利用垃圾自身产生的可燃气实现能量循环，减低能耗，节约辅助燃料。

小型分散型磁化垃圾热解技术在勐仑服务区的实际运用证明，该技术针对分散型、运距较远的高速公路服务区等是可行、实用、安全、可靠的生活垃圾处置设备。其优势在于技术先进、处理周期短、占地面积小，具有节能、环保、操作简便等特点，关键是烟气得到有效治理，污染物能达到国家相关标准要求，真正实现垃圾处理减量化和无害化的效果。结合高速公路服务区位置及运输实际，从污染控制及减量化要求等方面综合比较，磁化垃圾热解炉适用于分散型环境要求比较高的高速公路服务区。经初步调查，在服务区设置小型垃圾处理站，在全国高速公路尚属首次尝试。

银龙穿雨林，路景两相宜

公路融自然，四季赏花开

彩云之南，小磨高速，以文化人，心存高远

第6章 师法自然 路景相宜

6.1 路域宏观景观打造

6.1.1 整体景观主题

6.1.1.1 全线景观整体打造思路

1）整体定位

小磨高速公路作为昆（明）曼（谷）国际大通道的重要组成部分，交通价值突出；周边自然环境优越，路域生态环境敏感；沿线涉及多个旅游景区，旅游资源丰富；沿途少数民族较多，地域特色鲜明。为此，景观设计从交通、生态、文化、民族、旅游等多维度综合定位，即：小磨高速公路是一条集交通动脉、生态绿脉、文化根脉、民族魂脉、旅游景脉五项特色于一身的综合效益轴线（图6.1-1）。

2）打造思路

文化景观设计与建设按照"绿色低碳，生态美观，地域特色鲜明，具有艺术鉴赏性"的指导思想，以全线隧道、服务区、观景台、边坡等构筑物和附属设施为主要载体，充分提炼和植入沿线傣乡民族文化、雨林生态文化、国门边境文化、茶马古道文化等地域特色文化因子，最终营造具有浓郁的雨林傣乡和东盟风情特色主题的文化景观。

图 6.1-1　桥在林中游

3）打造原则

（1）生态优先

全线景观营造首先引入生态无痕化环境融合理念，在道路工程设施与生态环境的交融界线集中运用生态修复技术，在景观的设计上进行无痕化处理，化伤为景、修复成景、造景遮瑕，达到全面的环境融入无痕化目标。

（2）突出文化特色

景观设计突出民族文化特色，全力打造绿色旅游观光走廊和国际大通道。充分借景，减少人工造景。依据沿途空间感受合理划分景观段落，在隧道洞口、互通区、服务区等重要道路节点上适当点缀景观小品，突显景洪和勐腊地方人文特色，将小磨高速公路打造为穿越雨林傣乡的国门大通道。

（3）既有景观协调

小磨高速是改扩建项目，在景观设计时还需考虑与既有路段的景观协调，应延续原有路段品质较高的景观风貌，调整遮挡原有不良景观。通过"透、漏、借、对、框、障"等设计手法，营造环境协调、景观融合的绿化效果。

6.1.1.2　主题形象展示

小磨高速公路是穿越雨林柔情傣乡，连接磨憨口岸的国门大通道。为展示其形象，建设过程中汲取了傣族特色乐器象脚鼓及傣族建筑装饰元素。为体现实施主体贡献，在主题形象载体上多次展示"云南交投"字样及其

LOGO。既体现了西双版纳"雨林风光，柔情傣乡"的独特魅力，更体现了小磨高速公路作为出境大通道的重要性及云南交投对民族地区交通事业发展做出的积极贡献（图 6.1-2）。

图 6.1-2　尚勇收费站云南交投 LOGO 展示

6.1.1.3　景观设计理念

以云南省内地通往东南亚及南亚的景观、人文为一体的国际大通道为设计目标。作为连接云南和东南亚国家的纽带，本项目除了满足高速公路的基本功能性要求，还应在公路沿线深入体现出云南乃至中国的文化。

（1）体现"安全、舒适、环保、和谐、科技、文化"的公路设计新理念。

（2）体现"科学发展""可持续发展"的观念，建立公路建设与环境保护同步的新理念。

（3）充分考虑景观美学性、生态性、施工可行性等，体现环境生态的和谐与自然。

（4）灵活运用技术标准，突出区域民族特色，打造经济及旅游观光公路。

（5）景观的多样性：形成多个景观段，表达不同的景观内容，促成景观空间的可达性、可赏性和参与性。

（6）景观的艺术性：用艺术表达构成人文自然景观使置身其中的人们获得享受，在建设中保持自然环境和民族文化的延续与发展。

（7）展现山清水秀的自然风景资源，体现环境生态的和谐与自然，将本项目建成为一条高品质快速通道。

6.1.2 分段景观营造

小磨高速公路沿线风光类型多样，单一借景及单一景观设计手法无法充分挖掘特色，但过于繁密的设计手法变化又不便实施。因此，本次设计归纳小磨高速公路沿线空间感受，将全线分成四个景观主题段落，构成"绿海、傣乡、梦幻、口岸"四大特色景观主题分段。各段因地制宜开展设计，突出当地特色。

6.1.2.1 傣乡雀舞段

此景观主题段位于 K0+000~K44+538.83，全长约 44.5km，即：从项目起点至勐仑立交，见图 6.1-3。该段穿越较多的傣乡民寨，路侧途经较多的吊脚竹楼，傣风凸显。孔雀是傣族民众心中的吉祥鸟，是标志性图案。此段景观设计时将傣族民居建筑形式和孔雀元素运用于细部。

图 6.1-3 "傣乡雀舞段"中孔雀元素的应用

6.1.2.2 绿海神韵段

此主题段位于 K44+538.83~K83+820，全长 39.3km，即：从勐仑立交终点至勐远立交，见图 6.1-4。此段临近勐仑保护区，植被生长茂盛，尤其以成片的橡胶林为主要特征。区域内以林地、山地等地形地貌为主，可以让驾乘人员很好地感受橡胶林海的绿意，因此命名为"绿海神韵"。

图 6.1-4 绿海神韵段航拍图

6.1.2.3 梦幻雨林段

此主题段位于 K84+840~K124+200，全长 39.4km，即：从勐远立交终点起至勐腊北（磨憨）半互通式立交，见图 6.1-5。该线路途经勐腊县、紧邻勐腊自然保护区。勐腊是我国热带自然景观最丰富的地区之一，"望天树"等热带沟谷雨林景观突出。因此，将此景观段命名为"梦幻雨林"，主要体现热带雨林的"梦幻之美"。

图 6.1-5 梦幻雨林段航拍图

6.1.2.4 口岸风情段

此主题段位于 K124+880~K155+121.6，全长 30.2km，即从勐腊北（磨憨）半互通式立交至项目终点，见图 6.1-6。该地区对接磨憨口岸，是我国通向老挝的唯一国家级陆路口岸和通向东南亚各国最便捷的国际陆路通道。此段景观结合两国风情元素，在隧道出入口或互通立交设置一些雕塑小品，凸显友好合作和我国人民的热情，主要体现磨憨口岸和我国人民的"风情"与"风采"。

图 6.1-6　口岸风情段航拍图

6.2　重要节点景观建设

6.2.1　隧道洞口景观

6.2.1.1　整体打造思路

小磨高速公路隧道洞口整体建设遵循"自然环保、景观协调、突出文化、尊重洞门结构形式"的原则，洞口景观与山地景观融为一体，整体建设风格自然。隧道洞口的设计方案汲取了傣族图腾、傣族慢轮陶艺、贝叶经、民族服饰、民族建筑风貌及自然景观资源等特色文化因子，采用简洁美观的浮雕、塑石、色块等多种艺术表现方式对全线 28 个隧道进行了景观装饰，每个隧道的装饰风格和装饰元素各有特色。使全线隧道成为舒适畅通、路景相融、傣乡特色鲜明、生态和谐的靓丽景观。

6.2.1.2　隧道洞口景观打造

1）曼戈龙隧道洞口

曼戈龙隧道是小磨高速公路前往磨憨口岸的第一个隧道，其端墙的点缀装饰汲取了傣族特色乐器象脚鼓和西双版纳代表性元素亚洲象特色文化因子，设计效果具有浓郁的西双版纳特色，见图 6.2-1。

图 6.2-1　曼戈龙隧道洞口

2）巴洒老寨 3 号隧道

巴洒老寨 3 号隧道口洞口采用端墙结构，墙面景观以傣族少女、椰子树和傣族特色民族工艺品——花伞为设计元素，采用浮雕艺术造型对入口端墙进行装饰，并在端墙顶端展示隧道名，见图 6.2-2。整个洞口效果表达了西双版纳壮美的热带雨林风光、婀娜的傣家舞蹈，吸引着海内外游人的纷至沓来。

3）巴洒老寨 5 号隧道

巴洒老寨 5 号隧道洞口采用端墙结构。伞舞是傣族传统舞蹈之一，是傣族人民表达心中的欢乐之情的重要舞蹈。因此，洞口墙面设计选择以伞舞的伞为设计元素,采用浮雕艺术造型对端墙进行装饰,以推介傣族独具特色的民族工艺品花伞和伞舞舞乐文化,见图6.2-3。

图6.2-2　巴洒老寨3号隧道

图6.2-3　巴洒老寨5号隧道小勐养端入口

4)买卖河1、2号隧道

买卖河1、2号隧道洞口墙面均为端墙结构,墙面景观均汲取了茶马古道文化元素,以传承和推介西双版纳悠久的茶马古道文化,为云南茶产业的发展起到一定宣传作用,见图6.2-4。

图 6.2-4　买卖河 1、2 号隧道景观

5）勐远 1 号隧道

勐远 1 号隧道洞口为端墙式结构，洞口设计采用仿天然岩石的元素，与上方山体裸露的岩石相协调，明显削弱了人工痕迹，洞口名称采用浅雕手法，醒目地镶嵌在上方，见图 6.2-5。

6）勐远 3 号隧道

西双版纳被称为"椰子之乡"，是我国椰子主要产地之一，同时，椰子树也是傣族等西双版纳少数民族的庭院栽培植物。因此勐远 3 号隧道景观采用西双版纳大王椰为设计元素，以推介西双版纳"椰子之乡"的美誉和椰子特产，并且采用浅浮雕艺术表现方式将隧道名直接刻写于端墙上，醒目且美观，见图 6.2-6。

图 6.2-5　勐远 1 号隧道洞口景观　　　　图 6.2-6　勐远 3 号隧道景观

7）南贡山隧道磨憨端

南贡山隧道洞口为端墙结构，其墙面景观汲取了西双版纳重要经济作物——芭蕉树元素对端墙进行生态化装饰，展示了热带农业风景，为西双版

纳芭蕉水果做了一定宣传，见图6.2-7。

图6.2-7 南贡山隧道景观

8）坝卡隧道小勐养端

坝卡隧道口采用端墙结构，洞口墙面设计风格汲取了傣族建筑装饰元素和绿孔雀元素对端墙进行装饰，具有浓郁的西双版纳特色，表达了当地人民的好客之情。隧道洞口前分层次种植了绿色灌木和红花植物，与洞口墙面设计相陪衬，达到心旷神怡的视觉效果，见图6.2-8。

图6.2-8 坝卡隧道口景观

9）勐腊3号隧道

勐腊3号隧道洞口采用削竹式的洞口结构，洞口名称镶嵌在天然木质工艺小品上，洞门进行生态化装饰。隧道洞圈进行翻新处理，使洞口景观与周边生态环境充分融合。整个装饰工艺简单、美观大方，夜间在灯光的照耀下，视觉效果更好，见图6.2-9。

10）龙茵隧道口

龙茵隧道口洞口为削竹式，洞口上端设有雕刻着隧道名称的仿木小品，与周边草木混为一体，毫无违和感。洞口附近的空旷处栽种着高低不一的绿叶植物和开花灌木，可缓解驾驶疲劳，带给乘客眼前一亮的效果，见图6.2-10。

图6.2-9　勐腊3号隧道景观　　　　图6.2-10　龙茵隧道景观

11）南木窝河隧道

南木窝河隧道洞口为削竹式，其景观设计具有质朴、天然的效果，洞口一侧设置古木雕塑，雕有"南木窝河隧道"字样的木板"长"在古木上，长长的隧道像从自然中生长出来一样，充分体现了"绿色公路"的主题，见图6.2-11。

图6.2-11　南木窝河隧道景观

12）七道班隧道

七道班隧道洞口为端墙结构，洞口景观设计效果为木头横切面，与周围生态景观相协调，天然木头色体现了环保与敬畏自然之意，一圈圈年轮代表了雨林的生机盎然与经久不衰（图 6.2-12）。

图 6.2-12　七道班隧道

13）东洋隧道入口

东洋隧道磨憨端是磨憨口岸通往雨林傣乡的第一个隧道，洞口景观在原隧道景观设计的基础上，采用与周围环境协调相融的色块对端墙进行翻新处理，并在洞口前方设置抬腿的亚洲小象与隧道名石结合的景观小品展示隧道名，寓意"雨林傣乡欢迎您的到来"，见图 6.2-13。

图 6.2-13　东洋隧道口景观

6.2.2　互通立交区景观

6.2.2.1　整体打造思路

互通立交作为高速公路与其他主干线之间转换交通流的重要设施，是高速公路景观设计的重点之一，也是高速公路景观设计中可塑性最强的部位。小磨高速公路公路段互通立交景观设计遵守"安全、经济、生态、尊重地区差异"原则，既满足互通立交的使用功能，又要根据互通工程特点及环境特征，科学搭配植物种类，合理实施景观方案，使得互通立交的景观与周围的自然景观有机的结合在一起，最大限度地发挥民族特色风情、特色产品、旅游资源宣传的功能（图 6.2-14）。

图 6.2-14　小磨高速公路立交俯瞰图

6.2.2.2　银河立交景观打造

银河立交是昆曼国际大通道景洪段第一门户，犹如巨龙之眼，其整体景观设计以"雨林傣乡，国门通途"为主题，以充分展示傣族文化为目的，通过多种景观小品的设置将我国异彩纷呈的民族风情及壮美的雨林景观展示于外，对进一步加强中国与东盟关系，促进"湄公河次区域合作"及加快云南融入国家"一带一路"发展战略具有极其重要的作用，见图 6.2-15。

图 6.2-15　银河立交俯瞰图

1）银河立交景观 1——象脚鼓

在小磨高速公路起点的银河立交区内，设置具有傣族象脚鼓及傣族建筑

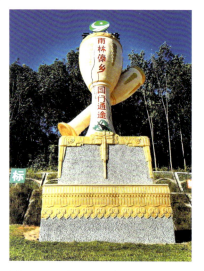

图 6.2-16 银河立交象脚鼓雕塑小品

风貌元素设计主题的形象雕塑，凸显"雨林傣乡，国门通途"主题，并在雕塑顶端展示云南公投企业 Logo，主体展示"湄公河流域图""小磨高速公路路线图"及小磨公路高速公路 Logo，突显云南公投对小磨高速公路国门大通道建设的重要贡献，见图 6.2-16。

2）银河立交景观 2——具有纪念意义的置石景观

在银河立交内摆放刻有"路地携手，播绿成洲"的置石景观，用以纪念 2017 年特殊的植树活动，旨在向人们传达"爱护自然，守护绿色"的理念。置石附近的植物选用当地普遍种植的芭蕉、叶子花等低矮植物，乔灌草搭配，高低错落、层次分明地点缀着立交，营造出既自然、清新，又富有特色的立交景观，见图 6.2-17。

图 6.2-17 银河立交置石景观

6.2.3 特色观景台

6.2.3.1 高速公路观景台设计原则

高速公路观景台作为构成公路景观环境的一部分，其布局、造型的设计应综合考虑规划场地的生态环境现状，体现出"以人为本""保护自然"等的公路设计理念，同时结合高速公路安全性的功能要求，以提升公路的形象与服务水平为目的等进行设置。应满足如下设计原则：

1）安全性原则

高速公路观景台应充分考虑观景环境的安全性和可行性，如需考虑观景地理位置地质条件是否良好、是否有足够的车辆安全回旋空间并且不会对车道上正常行驶的车辆形成干扰等。同时，确保设置必要的安全设施。

2）自然性原则

高速公路观景台的设计应融入自然，作为公路附属设施为人提供停车、观景和休息服务时，也作为公路景观的一部分成为人们视觉环境的一个构成要素。因此，其设计应充分考虑周围环境的特征，强调观景台与景观的协调，使得整个观景氛围的和谐与统一。

3）人文性原则

高速公路观景台的设计也应该根据不同人文景观特点，针对不同的使用对象，而表现出不同的特性。如针对驾乘人员的休憩特性、游客的观景特性等。同时，可以在观景台上设立一系列标志牌介绍当前自然人文景观特点，宣传科普和人文知识，充分体现出观景台的文化性和科普性。

4）环保性原则

高速公路观景台占地应尽可能小，减少因人的活动给自然生态环境带来不利影响。因此，观景台需要注重灵活布设，尽量不设置景观雷同的观景台。同时，应在总体上对布局进行考虑，合理控制布设间距，避免数量过多，保证在满足景观欣赏的前提下，尽可能地节约土地资源。

6.2.3.2 整体打造思路

项目所在地区旅游资源丰富、并具有历史文化、科学考察、旅游观光、休闲度假的综合特点，其民族文化和人文、自然景观，较为集中地体现在建筑文化上。随着高速公路的规划建设和旅游交通条件的改善，越发显现出沿线建筑服务设施的重要性。

小磨高速公路沿线，风情傣寨、万亩雨林及壮美的罗梭江风光等民族风情与自然景观众多。为方便驾乘人员休息观景，按照"近观傣寨风情，远眺雨林氧吧，确保安全通畅，便于管理维护"的建设思路，对具备设置加减速车道，周边自然景观较好的傣寨观景台、罗梭江观景台进行了改造提升和景观营造，建设了孔雀观景台、傣族观景亭、西双版纳十二个世居少数民族图腾小品等特色文化景观及观景设施，为过往人员亲近雨林风光，领略傣乡风情，感受绿色小磨营造了自然、怡人的良好观景氛围。

6.2.3.3 罗梭江观景台

罗梭江观景台在原有观景台的基础上进行提档升级，适当进行文化景观装饰，以提升景观效果。建成后的罗梭江观景台可远眺罗梭江风光与万亩橡胶林，近观壮美小磨和风情傣寨观景平台，见图 6.2-18。

图 6.2-18　罗梭江观景台

1）小品设施

观景台设置石凳等休息设施及刻有"绿色小磨、雨林傣乡"字样的置石，凸显小磨公路的特点；并用汉语、傣文两种语言刻写"一花一世界，一叶一菩提"，体现民族特色，见图 6.2-19。

图 6.2-19　凸显主题的置石小品景观

2)"孔雀开屏"悬挑观景台

"孔雀开屏"悬挑观景台,一方面寓意西双版纳傣族吉祥物孔雀开屏,喜迎天下宾朋;另一方面取义版纳交通运输代表元素"金孔雀",象征雨林傣乡通途——小磨高速公路的通畅便捷,同时与周边环境互融共生,达到吸引游客拍照留念的效果,见图6.2-20。

3)特色雕塑

以西双版纳十二个少数民族图腾为设计元素,环观景台步道设置"民族大团结"图腾小品,以展示西双版纳多姿多彩的民族文化和民族团结进步的和谐氛围,见图6.2-21。

图6.2-20 象征美好的孔雀雕塑

图6.2-21 十二生肖文化小品景观

4)既有凉亭利用

对原有凉亭进行文化景观提升,刻写反映西双版纳州民族团结互助、共同进步的对联:"同舟共济——民族团结手牵手,和谐发展心连心",见图6.2-22。

6.2.3.4 傣寨观景台

1)充分利用既有观景台

傣寨观景台充分利用原有观景台,并在其基础上进行升级改造,使人能够充分享受公路周边的自然景色,放松身心,恢复精力,减少行车安全隐患(图6.2-23、图6.2-24)。

图 6.2-22　具有傣族特色的凉亭

图 6.2-23　错落有致的植物景观

2）小品设施体现文化特色

观景台的小品设施采用傣族民用建筑，在满足游客休闲观景的同时，可以展示傣族文化及傣族风情（图 6.2-25）。

图 6.2-24　从观景台眺望罗梭江

图 6.2-25　傣寨观景台的凉亭

3）尊重自然的栈道设计

傣寨观景台打造充分尊重原始场地、尊重自然，在修建观景栈道时，对现有乔木进行了最大化程度的保护，尽量减少环境破坏，如图 6.2-26 所示。

图 6.2-26　尊重自然的绿色栈道

6.2.4 中央分隔带景观

中央分隔带绿化是高速公路的主要组成部分，其目的是遮光防眩、引导视线、美化环境、降低噪声、隔离车道、降低硬性防护成本等。小磨高速公路的中央分隔带绿化设计充分考虑了其韵律节奏之美，植物的选择以"常绿、耐寒、耐旱、耐修剪、美观"为原则，并考虑色彩搭配合理。

6.2.4.1 设计原则

1）整体性

全线景观形成统一和谐的整体，因此既要注重内部之间的协调，又要注意内部与外部的协调，具体可把中央分隔带中的线型、人工绿化、周边构筑物景观、形体、颜色、质感等与基地周边环境综合考量。分隔带优先选择野生植物及乡土植被；高速公路线路长，生态环境十分恶劣，绿化最好以乡土植物为主，这种植物适应性强，一旦种植成功，便可稳定生长，既可降低养护费用又保证了良好的景观绿化效果，与周遭的环境达到和谐统一。

2）美观性

高速公路中央分隔带绿化植物色彩不宜太艳丽，要做到四季常绿。植物的季相变化特征显著，表现出明显的节奏感及韵律感，可调节单调的行车环境，有利于行车安全。绿化规模的不断扩大，养护管理带来许多问题。若养护不利，病害和自然环境的影响常常造成苗木落叶、死亡，致使绿化景观受较大影响。应增加资金投入，加强管理人才的配置与技术培训，强化日常性绿化管理，如苗木修剪管护、病虫害防治、缺苗补植以及适时施肥浇水。

3）安全性

在进行高速公路中央隔离带景观绿化设计时，为达到适合人舒适度的形式安全要求，要充分考虑视觉空间大小、道路的线型变化、安全设施的色彩和尺度以及视觉导向、视觉连续性等。

具体实施中原则如下：按车速100km/h计算，种植方式的间隔距离以车辆行驶5min为宜，因此种植方式可每8km做1次变化，给驾驶员以新鲜感，避免驾驶员和乘客感到疲劳和单调。植物色彩不宜太艳丽，以免分散驾驶员的注意力，影响行车安全。在途经的城镇重要地段，每隔10~15m，适当点缀花灌木。此外，部分路段可采用绿色防眩板（特别是小半径的平曲线上）以增加中央分隔带植被景观变化，起到更换过渡、衬托景物、分隔空间、美化环境及防眩效果。

4）动态性

在高速公路的建设中，风景园林学科应该介入其中；风景园林设计师在项目建设过程中应参与进来，发挥应有的景观设计作用。动态设计是一种控制手段，主要起到保证并提高设计质量的作用，是将系统工程管理方法具体应用在设计领域的一种表现。这使得各个环节在施工过程中互相咬合，循序渐进，能够有效防止由于疏漏任何一个环节而导致出现质量或安全问题，确保项目完整。在高速公路规划的前期就开始研究公路与自然的关系并从生态角度考虑公路景观设计与沿线景观的协调关系，使高速公路建设中对于风景园林设计的认识更清晰，进而促使高速公路的规划设计进一步提升和完善。

5）生态性

生态性原则既是一种思想理念又是一种方向目标，即在满足交通需求的同时不影响动植物的正常的生长与繁殖，以"尊重、保护、恢复"的原则来创造自然和谐的新景观，在尊重自然规律的同时融入生态理念，形成一种满足中央分隔带交通要求与生态相互融合的可持续发展的状态。"生态型分隔带"并不单单指某一种或某一条路，而栽植的植物可采用规则样式进行布置，配以花灌木，下部则栽植地被植物（植物枝条不超过分隔带的防护栏）。构建多层次、多元化，多结构，形成功能多样的绿化植物群落，提高自我维持、自我更新和发展的能力。

6.2.4.2 中央分隔带景观绿化

（1）运用当地特色植物打造具有异域风情的特色道路。采用色叶植物与开花植物有节奏的相互穿插种植，形成落于山间田野里的一条彩色飘带一直延伸远方。以红绒球、扶桑等开花植物和黄叶假连翘、九里香、小叶榕等绿叶植物为主。常绿防眩植物与开花点缀植物的搭配，使中央分隔带在满足功能需求的前提下还有景观的色彩和层次变化；球形、柱状的物种搭配，错落式的种植方式，增加空间的变化，减弱驾乘人员的视觉疲劳感（图 6.2-27）。

图 6.2-27　中央分隔带景观之一

（2）设计以视野安全范围为前提，配置多层次的植物，并在车辆交汇处，预留足够空间保证视线开阔，确保行车安全。采用开花植物、色叶植物作为植物下层，配以高杆植物大王棕作为点缀，营造热带风情的特色道路（图 6.2-28）。

图 6.2-28　中央分隔带景观之二

6.2.5　服务区及收费站景观

小磨高速公路是穿越雨林傣乡，连接磨憨口岸，加快云南省融入国家"一带一路"的国际大通道。而服务区和收费站是最能彰显地域文化特色、提升国门大通道的品质品位的重要交通节点。

6.2.5.1　打造思路

小磨公路公路服务区和收费站景观，按照"主题突出，特色鲜明，内涵丰富，投资节约，用地较少，景观效果显著，功能与文化高度融合"的原则，进行全方位的文化植入与景观营造。从服务区主体建筑外观、雕塑（文化墙）、植物景观等的设计出发，以沿线地域的特色文化、建筑风貌、民族文化等为设计元素进行点缀装饰，增加服务区文化艺术性及美感。重点对两个大型服务区——勐仑和勐腊服务区进行文化景观打造，将小磨高速公路打造成一条具有鲜明的西双版纳地域特色和边境文化特色的文化走廊，成为西双版纳特色文化的一个缩影。

6.2.5.2 服务区打造

1）勐仑服务区

勐仑服务区靠近勐仑植物园，是小磨高速公路两个大型服务区之一。服务区整体景观设计以"傣乡柔情"为主题进行服务区文化景观营造，形成具有地域特色和民族风情的景观小品，展示傣族文化。

（1）建筑改造，尽显傣风

勐仑服务区主体建筑在原来的基础上进行改造，以具有傣族特色的人字形屋顶建筑为主要元素，展现傣族风光；如图6.2-29、图6.2-30所示，在屋顶上放置服务区名称，并将云南交投字样及其Logo附上，达到宣传云南公投企业文化、提升服务区景观品质、展现小磨高速公路建设风采等多重目的。

图6.2-29　勐仑服务区主体建筑人字形屋顶

图6.2-30　勐仑服务区主体建筑

（2）孔雀小品，别具寓意

在服务区显眼的地方设置了以"凝心聚力铸通途，雨林傣乡建功业"为主题的文化墙，汲取了树叶、孔雀等设计元素。文化墙的内容简介浓缩展示了当地历史、民族、生态、公路等文化以及小磨高速公路的建设风采，同时，还展示了小磨高速公路路线图和隧道、桥梁、服务区、沿线乡镇、旅游景区景点及与之串联的昆曼大通道、景打路、腊满路等，凸显了小磨高速公路作为国门大通道的重要地位，见图 6.2-31、图 6.2-32。

图 6.2-31　勐仑服务区孔雀元素景观牌

图 6.2-32　勐仑服务区鸟瞰图

（3）植物搭配，错落有致

勐仑服务区植物景观设计也独具特色，采用西双版纳颇具景观效果的特色植物，并适当点缀几个石雕景观小品，在停车区附近建成了特色植物群落；在主体建筑与停车区连接处的坡地上，选用容易成活且易管理的乔木和灌木错落搭配，层次清晰、色彩清新，彰显了服务区的生机与活力，见图6.2-33。

图6.2-33　勐仑服务区植物景观

（4）木雕茶桌，独具雅韵

勐仑服务区主题建筑内建设"古道茶源"文化走廊，内设可供品茶、休憩的红木桌凳，通过优雅的品鉴环境传达云南茶文化；游客也可拍照留念，达到传承茶马文化、提升服务区品质、增强服务区文化景观互动性等目的，见图6.2-34。

图6.2-34　勐仑服务区茶文化景观

2）勐腊服务区

（1）建筑搭配，凸显特色

勐腊服务区主题建筑采用"红瓦黄墙"的傣族建筑风格，前面整齐地伫立着一排高大的棕榈树，此种搭配风格彰显了云南特色，体现了浓厚的边境风格，见图6.2-35。

图6.2-35　勐腊服务区主体建筑

（2）丰功伟绩，永不遗忘

勐腊服务区的主题建筑前设置"凝心聚力铸通途，雨林傣乡建功业"为主题的文化墙，汲取了椰子树、芭蕉、大象等设计元素，通过小磨高速公路线路图及简介的文字集中展示公路的建设历程，传达公路建设过程"精益求精"的精神，具有一定的纪念意义，见图6.2-36。

图6.2-36　勐腊服务区景观小品

（3）植物竞艳，各显生机

勐腊服务区的植物景观设计以"自然、协调、美观"为原则，选取当地常见的开花植物，将其"散落"在其他绿色植物当中，让空旷的服务区显得更加热情，见图6.2-37。

3）小龙哈服务区

小龙哈服务区建设以"亲近自然，质朴简单"为主题，充分利用其地理优势，展现独特的云南地质地貌，有机植入傣族建筑文化，为沿线地域文化旅游产业发展起到助推与促进作用，见图6.2-38。

图 6.2-37　勐腊服务区植物景观

图 6.2-38　小龙哈服务区主体建筑

小龙哈服务区靠近磨憨口岸，是小磨高速公路最后一个服务区，其地理位置优势突出，三面环山，自然风景秀丽，为了给游客更好的视觉体验，利用服务区内的高度优势，在坡高处设立了简易观景台，周边景色一览无余，见图6.2-39。

图 6.2-39　小龙哈服务区观景台

6.2.5.3 收费站打造

1）勐远收费站

对勐远收费站的遮雨棚进行景观改造，采用人字形特色建筑风格，以灰色为主色调，将"云南交投"及服务区名称醒目的放在上面，庄重、朴素，别具风格，见图 6.2-40。

图 6.2-40　勐远收费站

2）尚勇收费站

尚勇收费站采用热情洋溢的红色为主色调，辅以"傣族金黄"为搭配，遮雨棚的风格完全展示了傣族建筑文化，表达了云南人民热情好客的文化风俗，见图 6.2-41。

图 6.2-41　尚勇收费站

6.2.6　其他公路景观

公路景观是由多个独立的分项景观工程组合而成的系统，除了服务区景观、互通景观、中央分隔带景观等，小磨高速公路还有许多其他的景观点零星点缀着路景，诸如标识标牌、路侧景观、景观小品等，设计均本着"生态、自然、环保"的原则，让景观似"雨后春笋"般从自然中生长出来一样。

6.2.6.1 路侧景观

小磨高速公路路侧绿化主要是依托全线路堤边坡、路堑边坡超挖地段、路侧左右分幅地段、重点景观节点提示段进行设计，路侧绿化种植以行道树的绿化方式，结合各个区域不同的特点，采用列植或点植具有当地特色乔木为主、低矮灌木为辅的种植方式（图6.2-42）。

图6.2-42　东洋隧道出口附近的路侧景观

6.2.6.2 景观小品

小磨高速公路沿线特大桥，利用景观石或塑石，采用印章式、组合式塑石等多种艺术表现方式展示桥名。在立交区或路侧，采用天然景观石或人工塑石的方式设置文化景观小品，刻写云南公投"道达天下，路通四海""交流融通，传承文明""大道无形，大路有爱""服务无终点，追求无止境"等理念，如图6.2-43、图6.2-44所示。

图6.2-43　"古树保护群"石雕图

图6.2-44　路侧景观雕塑

6.2.6.3 标志标牌

除了规范要求的交通标志标牌外，按照六部委文件精神，在服务区、停车区及重要节点等设置具有地域旅游文化资源特色的标识标牌和服务设施导识牌；沿线村舍、景点景区，合理规划设置充分体现地域文化及旅游特色的导识牌，以助推沿线旅游文化产业的发展。同时，鉴于小磨高速公路是通向老挝的重要国门大通道，沿线重要桥梁、隧道及主要交通服务实施、重要节点采用中文与老挝文对译，使其具有老挝文化特色，让畅行在小磨高速公路上的老挝游客具有亲切感。

银河立交内放置了具有傣族建筑特色风情的广告柱，醒目的"傣族金"非常容易引起驾乘人员注意，可以起到很好的广告宣传作用，同时也不失景观功能（图6.2-45）。

图 6.2-45　高速公路标识标牌景观

6.3　交通与旅游融合发展

小磨高速公路注重服务设施旅游功能拓展，着重从体验项目开发、智慧引导服务、综合功能提升等方面，打造集吃、住、行、游、购、娱为一体的旅游交通体系。目前，小磨高速公路已为旅游功能拓展预留了空间，各项功能建设正在逐步推进。现已施工打造的旅游项目有房车营地、特色产品售卖，未来小磨高速公路还将融入科技文化展厅、VR体验馆、智慧引导系统等，进一步提升旅游拓展体验效果，带动公路经济带的发展。

6.3.1　房车营地

为更好地带动旅游业的发展，小磨高速公路段在雨林谷景区至中科院热带植物园处（对应主线K42~K50，占地139亩），计划建设内容有房车营地、停车点、自行车租赁点等，为旅客提供多种旅行体验方式，间接带动周边区域的经济发展。图 6.3-1 为房车营地预留的大片空地，正在准备施工建设。未来还将建设与房车营地相配套的其他设施，如设有综合接待服务区、景观休闲区、森林度假区和户外运动区等不同功能板块，集生态旅游、露营、摄影、运动、篝火、烧烤等休闲项目于一体，可充分满足团队住宿、房车露营、休闲娱乐等游客的多样化需求。

图 6.3-1　房车营地预留场地

6.3.2　特色产品售卖

云南资源种类繁多，特色产品极为丰富，犹以茶叶、米线、菌类、鲜花饼等著名。为将本省品牌和产品做大做强，在人流量较大的勐仑服务区设置了云南茶叶售卖处，并摆放了古色古香的天然木雕座椅供游客饮茶休憩（图 6.2-34）；勐仑服务区的餐厅也按照国际一流服务区高标准设计，达到了干净、宽敞又不失大气的效果；餐厅主打云南特色菜品，如鸡枞菌、过桥米线、宣威火腿等，让旅客垂涎的同时，也刺激了其购买此类特色产品的欲望（图 6.3-2）。

图 6.3-2　勐仑服务区的特色餐饮空间

6.3.3 旅游功能多元拓展

6.3.3.1 科技文化体验馆

以视频介绍、VR体验互动、实景展示等形式，将云南当地历史文化、茶叶、鲜花、傣族服饰等特色融进科技文化展厅，为当地文化做宣传，带动区域经济发展。

6.3.3.2 VR体验展厅

完善旅游公路的智慧旅游系统设计。设计VR体验展厅，通过有趣、互动的方式让通行者了解小磨高速公路的理念与亮点；设置模拟驾驶系统，让游客在室内便可游览体验小磨高速公路全线美丽的风光。

6.3.3.3 智慧引导系统

在勐仑服务区设置智慧引导系统，对高速车流情况进行提示和警示，并提供旅游景点周围的住宿、餐饮等服务。设置完善的路线标识系统，为游客提供准确的路线及旅游景点信息；在服务区结合VR技术，设置二维码旅游引导系统，激发游客游览兴趣；在沿线驿站增加旅游指南、旅游手册、景点介绍等纸质宣传物，引导游客游览景区；在停车区、观景台等行人短暂停留的场所设置周围景点解说牌；在沿线存在危险的区域设置警示牌。

6.3.3.4 多功能休息室

为方便驾乘人员的舒适出行、满足旅客的现代化需求，小磨高速公路服务区拟建设高端、舒适的休息室，配备沙发、按摩椅、电视、书架、自助饮料售卖机、WiFi网络、手机快充等设施。

> 交通是文明之舟，路畅人和是全社会的不懈追求
> 建心灵美丽之路、架融会心灵之桥，是新时代公路建设的新使命
> 小磨高速科学管理，动态设计，精细施工，构筑公路与自然和谐的环境

第7章 路畅人和 社会和谐

7.1 管理体系

小磨高速公路建设之初，就遵循"安全、耐久、节约、和谐"的理念，在总结吸取国内外公路建设经验的基础上，结合小磨高速公路施工特点，形成了自己的绿色公路管理体系。

7.1.1 健全管理制度

古语云："不以规矩，不能成方圆"。制度是确保顺利完成项目的根本保障，小磨高速公路建设过程中，领导小组通过制定相应的管理制度，将每项工作内容细化落实，做到事事有章可循，件件有"法"可依。

为进一步加强项目部安全质量管理工作，遵循"全面兼顾，重点防范，带班在现场，解决在现场"的原则，制定了领导代班制度，及时发现和制止违规作业行为，使风险因素始终处于可控状态。制定了消防安全责任制度，责任主体涵盖了桥梁队钢筋场、路基队驻地、项目驻地办公区、项目驻地餐饮区、项目驻地生活区等诸多细分单位。施工过程奖惩分明，对优秀贡献者极力表扬，对施工不规范者严格惩罚，极大提高了工作人员的积极性，使工

作实施更加高效。各项制度的制定，为保证施工安全高效地进行奠定了坚实的基础（图 7.1-1）。

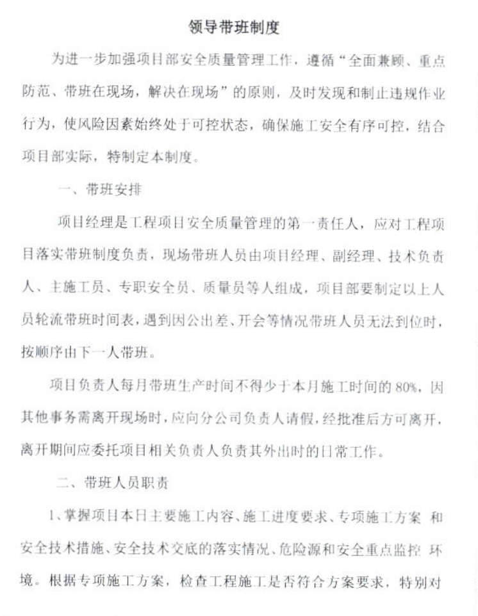

领导带班制度

为进一步加强项目部安全质量管理工作，遵循“全面兼顾、重点防范、带班在现场，解决在现场”的原则，及时发现和制止违规作业行为，使风险因素始终处于可控状态，确保施工安全有序可控，结合项目部实际，特制定本制度。

一、带班安排

项目经理是工程项目安全质量管理的第一责任人，应对工程项目落实带班制度负责，现场带班人员由项目经理、副经理、技术负责人、主施工员、专职安全员、质量员等人组成，项目部要制定以上人员轮流带班时间表，遇到因公出差、开会等情况带班人员无法到位时，按顺序由下一人带班。

项目负责人每月带班生产时间不得少于本月施工时间的 80%，因其他事务需离开现场时，应向分公司负责人请假，经批准后方可离开，离开期间应委托项目相关负责人负责其外出时的日常工作。

二、带班人员职责

1、掌握项目本日主要施工内容、施工进度要求、专项施工方案 和安全技术措施、安全技术交底的落实情况、危险源和安全重点监控 环境。根据专项施工方案，检查工程施工是否符合方案要求，特别对

图 7.1-1　施工过程制定的各项制度

7.1.2　和谐管理团队

“一根筷子轻轻被折断，十根筷子牢牢抱成团”，项目团队齐心协力才能将工作完成更好，和谐的管理团队是项目顺利完成的加速器。项目伊始，就发布了“小磨公路改扩建指挥部关于成立绿色公路建设领导小组的通知”，成立了以设计单位、监理单位、施工单位为一体的最坚强的领导小组，稳步推进绿色公路建设。领导以身作则、廉洁自律，指挥部一把手在现场亲抓亲管（图 7.1-2）；班子成员分工负责，设计、监理、施工单位紧密配合，各部门签订了目标责任书，将责任细化并落实到具体的人员（图 7.1-3）。全体工作人员踏实肯干、尽职尽责，各项目小组互相协调，有问题及时沟通解决。整个项目队伍凝心聚力，创造出了“小磨品质”。

7.1.3　过程管理精细

“细节决定成败”，小磨高速公路从设计到施工到运营都实施了精细化的管理。在施工前期，多次对全程的水资源、自然保护区等进行了细致勘察，为制定科学合理的建设方案打下了坚持的基础（图 7.1-4）。通过全员培训等

手段全方位推进绿色理念并使之深入人心，通过各种会议的形式，对各项工作实时监督管理（图 7.1-5~ 图 7.1-8）。严格控制工程质量，杜绝一切不合规操作，包括原材料选择、施工测量、地基处理等，从源头把握质量关。精细化的管理过程，保障了公路质量。

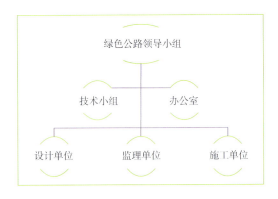

图 7.1-2　绿色公路领导小组

图 7.1-3　过程中的细节管理

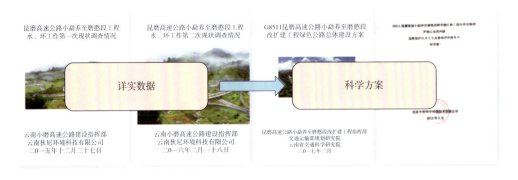

图 7.1-4　从数据到方案步步用心

图 7.1-5 施工进场植物保护专题会

图 7.1-6 绿色公路理念宣贯会

图 7.1-7 施工单位环境保护培训会

图 7.1-8 绿色公路建设专题会

7.2 安全保障

安全是交通的第一要则，是人们的首要需求。小磨高速公路的建设实现车辆安全行驶，多方位把紧质量关，达到人与社会和谐发展。

7.2.1 施工安全保障

7.2.1.1 制度制定

落实岗位责任制。尤其在春运期间，保通人员必须坚守岗位，禁止酗酒、脱岗、漏岗、扎堆等现象；发现问题及时处理、及时汇报、严防交通堵塞；对警惕性不高，擅离职守，处理问题不及时或不得力造成影响者，根据情节轻重追究当事人责任。

7.2.1.2 施工安全监理

施工前监理单位着重审查施工单位编制的施工组织设计中的安全技术措施和专项施工方案是否符合强制性标准，审查合格后方可同意工程开工。具体内容包括：安全管理和安全保证体系的组织机构、人员配置的数量及安全资格培训持证上岗情况、施工安全生产责任制、安全管理规章制度、安全操作规程、施工场地布置、生产安全事故应急救援预案、安全技术措施费用的使用管理和计划、施工单位按照"平安工地"考核评价办法建立的安全生产管理台账等。

7.2.1.3 事故预警

施工区域内施工安全引导标志、设施严格按交通部门有关要求设置，并设置施工路段安全生产宣传及监督公示牌，加强夜间交通维护设施的设置。施工安全标志和设施包括道路施工安全标志、限速标志、反光锥桶、防撞筒、闪光警示灯、照明灯、电子导向。施工现场设值班车辆进行区域巡查，救助机械和车辆在现场附近待命。

7.2.1.4 施工安全措施

（1）在工程施工过程中由交警、路政、交通、普洱管理处对道路安全保通工作进行协助、指导，施工过程中接受有关部门的安全检查。在施工路段按交警等主管部门的要求配置现场安全员、专职保通人员，实行不间断巡逻，及时排除安全隐患，确保施工段落内安全设施的规范摆放和状态完好（图7.2-1）。

图7.2-1　施工过程安全保障措施

（2）严格按照《道路交通标志和标线》（GB5768—1999）、《公路养护安全作业规程》（JTGH30—2015）的规定进行安全标志的设置，并根据现场的实际情况对安全设施进行酌情增补。

（3）在高速公路施工的所有作业人员，上路前由施工单位组织对施工人员及设备操作人员进行专门的安全教育及安全技术交底，并在现场设置专职安全员对现场交通进行疏导、指挥；同时对施工区域进行安全监督、检查，若现场发现违反施工安全的行为，应当立即进行制止并予纠正。

（4）所有进洞的施工人员必须穿有反光标志的服装，不得随意穿越高速公路，施工作业人员严禁酒后施工；杜绝在封闭的施工区域以外活动，不得在施工区域内睡觉、打闹。

（5）施工单位施工车辆均需配备醒目的行车安全标牌，并开启危险信号灯，不得以任何理由在高速公路上掉头、逆行；施工车辆在行驶过程中应主动避让社会车辆，不得在施工区域外随意停放。

（6）施工过程中，施工区旁如有障碍，在保证安全的前提下及时清除，以免危及行车安全；如在封闭道路段发生任何交通事故需立即向交警部门报告，并在交警的指导下维持好本路段的交通工作。

（7）在施工区及分流区内设安全专职人员进行值守，发现不规范的及时纠正，对于不符合安全规范要求的施工行为及时给予制止。

（8）现场施工作业人员及施工车辆应服从交警和路政巡逻人员的指挥和调遣，对于其现场提出的保通安全方面存在的问题应及时进行整改。

（9）在施工过程中，采用交通安全设施对通行车道与施工占用车道进行隔离，防止社会车辆误入施工区域对施工现场人员造成损害。

（10）施工作业结束后，首先拆离施工机具和材料，清理路面障碍物，恢复原状，然后依次倒退拆除安全标志，撤离现场开放交通。

7.2.2　道路安全保障

7.2.2.1　新型护栏，安全醒目

安全护栏作为公路建设中不可缺少的一部分，起着保护道路使用者生命财产安全的作用。安全护栏有混凝土护栏、波形梁护栏、缆索护栏等；小磨高速公路采用旋转式防撞护栏，旋转式防撞护栏使用大尺寸旋转桶作为失控车辆与护栏的接触介质，旋转桶的材料为具有弹性特征的EVA和聚乙烯共混物，可减缓失控车辆的横向冲击。

当失控车辆撞击旋转式防撞护栏后，旋转桶的旋转可迅速使失控车辆入

射角度减小，进而减小车辆与旋转桶间的横向压力；而且失控车辆与旋转桶间的纵向作用力为滚动摩擦力，远小于传统护栏与失控车辆间的滑动摩擦力；同时，旋转桶的弹性材质可缓冲车辆横向冲击。该旋转式防撞护栏具有出色的全天候诱导功能，旋转式防撞护栏的旋转桶颜色为橘黄色，在白天可对驾驶员形成视觉冲击；旋转桶上安装有 2 条环状反光膜，夜间可提供有效的视线诱导，如图 7.2-2、图 7.2-3 所示。

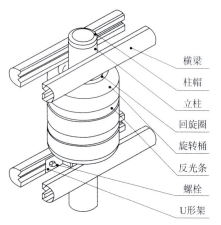

图 7.2-2　护栏细节构造及实际应用

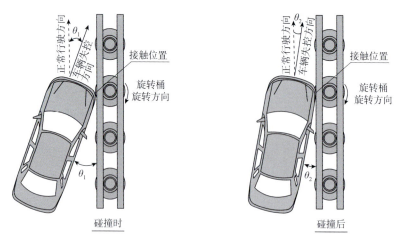

图 7.2-3　车辆撞击护栏受力图

7.2.2.2　智能诱导，雾区保障

云南特殊的地理位置，导致大雾天较多，能见度低、气象条件差，极易发生交通事故。为保障新建成的小磨高速公路在大雾天气下的安全通行，在多雾路段增设了无线 LED 雾区诱导系统，增加行车安全保障。雾区智能诱导

系统把各种先进的监控、检测、探测、诱导、信息发布和计算机技术有机地结合在一起，建立起雾区通行保障智能信息管理平台，对雾区的环境、车流量进行检测，对雾区的信息进行发布，对进入雾区的车辆进行智能诱导（图 7.2-4）。

图 7.2-4 雾区诱导系统

7.3 精细化施工管理

7.3.1 施工管理措施

为了将施工的影响降低到最低限度，最大限度的保护生态环境，整个小磨高速公路在建设过程中，始终以同步规划、同步实施和同步发展为基本方针，采取积极对策，使施工对环境带来的不利影响降低到最低限，使经济效益和环境效益协调、持续和稳定发展。

7.3.1.1 生态环境保护管理措施

（1）加强生态环境保护。严格执行交通建设规划和建设项目环境影响评价、环境保护"三同时"和建设项目水土保持方案编制制度。提倡生态环保设计，严格落实环境保护、水土保持措施，加强植被保护和恢复、表土收集和利用、取弃土场和便道临时用地生态恢复。推进绿化美化工程建设，加强后期施工时环境保护工作，确保施工期间污染物排放达标。加强养护和运营过程中的污染物处理和噪声防治。

（2）培育绿色文化。归纳总结沿线古树保护措施、边坡恢复措施。隧道洞口绿化设计，取弃土场绿化设计等，同时研究探索施工中其他环境保护措施及更有效的方式方法，为以后的生态文明建设提供依据。提升绿色低碳交通运输理念，培育绿色循环低碳交通运输文化，使绿色循环低碳发展成为参建各方的自觉行动。

（3）在整个施工过程中，设专人进行生态环境监理，监理人员必须是具有相关知识的专业技术人员。对于沿线植物的清理，应在生态环境监理人员的指导下进行。

（4）在施工前对珍稀植物尽可能全面移植到邻近空地。移植时遵从就近原则、生态相似性原则、高成活率原则，避免在移植过程中对珍稀植物的再破坏。

（5）禁止在生态敏感区搭建工棚或营地，禁止设置取弃土场，禁止丢弃生产和生活垃圾，禁止堆放建筑材料。严禁在热带雨林区进行爆破、液爆等，以确保野生动物的生活习惯不被打乱。

（6）临时用地尽可能减少对原生植被的破坏。施工便道设施时以不破坏自然景观、不过多挪动土方、不造成坍塌以原则，通过森林茂密路段时需绕行；工棚周围的树木要最大限度地保留。

7.3.1.2 水环境保护管理措施

（1）小磨高速公路开工之前就配备了专职的环水保监理工程师，同时委托专业单位分别承担环保和水保监测任务，施工过程中从地面和空中同时进行无死角监测管理，一旦发现问题及时处理。项目开工至通车试运营期间均未收到环水保方面的投诉。

（2）施工机械的机修油污集中处理；揩擦有油污的固体废弃物不得随地乱扔，应集中填埋。严禁将废油、施工垃圾等弃于河道。

（3）路线经过农田、水塘，路基两侧排水沟要加高、加固，防止泥沙进入。

（4）在河流水库附近的施工场地和桥梁施工围堰区旁边，设置沉砂池，防止泥沙直接进入水体。

（5）施工材料如油料、化学品等堆放点，设置在河床、水库库区之外，并应备有遮挡的覆盖物，防止雨水冲刷。

（6）桥梁钻渣应运出河区，尽量选择有利地形处堆放。弃土场的防护以拦挡为主，在弃土场下游建拦渣坝，场地周围根据汇水情况建排水系统，然后再进行弃渣。

7.3.1.3 野生植物保护管理措施

为保护植被环境，减少施工对周边环境的破坏，立交区施工作业时尽量保留三角区内全部的乔灌木；保护墩台及桩基周边的植物，桥下及周边施工区域的植物以修枝剪叶为主，严禁砍伐；隧道开挖轮廓线外所有的乔灌木一律不准砍伐，轮廓线内的乔灌木采用移栽等方法进行保护；减少隧道洞门开挖上方量，减少开挖数量。

7.3.1.4 施工声环境管理措施

小磨指挥部致力于消除沿线居民住宅区声环境污染。除发动机和车体产生公路噪声外，更严重的是高速行车时车轮与路面强烈摩擦时产生的声音；加上部分段落路堤较高，噪声能波及很远的地区。为此，在尚勇、勐仑及居民住宅区附近设置生态型声屏障。

7.3.1.5 资源节点管理措施

（1）加强能源节约利用。将节约能源要求贯彻到交通基础设施规划、设计、施工、运营、养护和管理全过程。在交通基础设施建设和养护中，大力推广应用节能型建筑养护设备、材料及施工工艺。积极扩大绿色照明技术、用能设备能效提升技术及新能源、可再生能源在交通基础设施运营中的应用。

（2）加强资源循环利用。坚持废旧材料可循环利用原则，遵循"减量化、再利用、资源化"原则，积极探索资源回收和废物综合利用的有效途径。对拆除既有二级公路的波形板、立柱、缆绳以及路面铣刨料再利用进行研究和总结。一是将拆除的波形护栏和立柱用于辅道、地方改造道路，目前已对银河互通附近辅路利用了既有立柱和波形板进行了隔挡；二是将波形板和立柱拆除后统一收集到管理处进行统筹利用，防止浪费；三是将废旧沥青进行辅路建设。小磨高速公路大力推广应用节水节材建设和运营工艺，实现资源的减量化。进一步加强钢材、水泥、木材、砂石料等主要建筑材料的循环利用，积极推进建筑垃圾、生产生活污水等在公路建设运营中的无害化处理和综合利用。

7.3.2　施工期道路保通保畅

边通车、边施工。小磨高速公路在施工期间，双向交通仍然保持正常通行，通行车辆与施工作业区交互影响。目前，在我国交通行业标准体系中，缺少改扩建工程施工期间不间断交通条件下通行车辆和施工工作安全保障的标准或准则，对高速公路改扩建期间通车车辆和施工作业的安全保障缺少指导和要求。

针对这种问题，小磨高速公路针对不间断交通施工期安全保障问题开展了高速公路改扩建工程施工期交通安排评价，并对保通施工与应急救援交通组织制定了专项方案，分析在不同施工工序时，施工作业区的施工安全与通行车辆的行驶安全，制定合理的、能有效反应路段实际运行状态的施工交通组织方案，建立健全突发事件应急救援体系。

7.3.2.1　保畅组织措施

为确保施工期间道路尽可能的安全畅通，成立了云南小磨高速公路施工安全保通协调领导小组，协调领导小组下设办公室，为协调领导小组的办事机构，办公室设在云南小磨高速公路改扩建工程建设指挥部，组长负责安全保通的全面工作。同时，制定了工程施工时社会车辆通行管制措施、安全值班制度等。

7.3.2.2　施工期间交通标志设置

占道施工时，在施工路段距离施工区域1000m设置明显的提示牌和限速警示标志牌。在距离施工区域800m适当位置增设一块立式提示牌。设定洞口外500m为过渡区，既有藤蔑山隧道进口设置太阳能电子导向灯2盏、安全导向标志1块。设定施工区至洞口为缓冲区，在距离作业区100m处和200m处分别设置一道沙袋墙，并在两道沙袋墙前设置电子警用灯1盏。既有隧道内作业区用水码和PVC板隔离，水码设置间隔车道中间标线50cm，PVC板设置间隔水码50cm，PVC板上贴反光条及装设小红灯。配备交警培训过的专职保通人员10名，作为预警哨并轮流巡查对安保设施进行维护及复位、并安排4名保洁人员进行道路保洁；请求地方交警主导，保通人员配合指挥交通（图7.3-1）。

图 7.3-1　通过摆放安全设施对社会车辆进行交通管制

7.3.2.3　作业现场安全管理

在工程施工过程中严格执行施工安全措施（图 7.3-2、图 7.3-3）。详见 7.2.1.4 节。

图 7.3-2　对保通人员指挥交通培训练习　　图 7.3-3　对施工道口的安全设施摆放及保通人员值守

7.3.3　投资管控合理

小磨高速公路通过严格的费用控制和优化节约工程投资，制定了《云南省小勐养至磨憨公路改扩建工程投资控制方案》，确保工程造价控制在经批复概算范围之内。

7.3.3.1　过程投资控制

1）事前控制

熟悉设计图纸、设计要求，分析合同价构成因素，找出工程费用最易突破的环节，从而明确投资控制的重点，制定出控制方案和措施；预测工程风险，分析可能发生索赔的原因，制定出防范性对策，避免或尽量减少索赔事项的发生；及时了解材料、设备市场价格的变化情况和国家调整价格的情况，做好加工材料、设备的统筹安排。

2）事中控制

监理工程师对承包商的月完成工程量进行准确计量，并建立月完成工程量台账；监理工程师及时审查承包商报送的工程付款申请，审核签认后报业主审批，对未经监理人员签认的工程量，或不符合施工承包合同规定的工程量拒绝签认付款；对于工程变更、设计修改事前进行技术经济合理性预分析。特别针对增加投资加大的变更，严格按照变更管理办法执行；严格现场管理，监理工程师对需要现场确认的工程量进行严格管控；定期、不定期地进行工程费用分析，并提出控制工程费用的有效措施。

3）事后控制

审核承包商提交的工程结算书，由总监理工程师签发工程竣工结算款支付证书；公正地处理索赔。

7.3.3.2 工程投资控制的措施

1）工程投资控制的组织措施

建立健全组织架构，明确部门控制工程投资，完善职责分工及有关制度，落实投资控制的责任；编制整体及阶段投资控制工程计划和详细的工程流程图；建立健全工程款计量和支付制度、设计变更和现场验收签证工作制度。

2）工程投资控制的技术措施

加强图纸会审的力度，将图纸问题及时提交设计院处理，将问题处理在施工之前，避免因设计不当所致的返工、增加投资等；审核施工组织设计和施工方案，对主要施工方案进行技术经济分析，按合理工期组织施工，避免不必要的赶工费；熟悉设计图纸和设计要求，针对数量、质量、价款波动大的材料的涨价进行预测，采取有效对策，避免或尽量减少索赔的可能；严格按照《新增单价管理办法》组价原则进行新增单价批复；严格控制工程变更、设计修改和材料代换等。避免通过设计变更扩大建设规模，提高建设标准。对必须变更的，在满足功能要求的情况下，提出合理化建议，尽量降低变更价款。

3）工程投资控制的经济措施

编制资金使用计划，确定、分解投资控制目标；严格进行工程计量；严格复核工程付款及工程款支付申请，按时签发付款证书；在施工过程中进行投资跟踪控制，定期进行投资实际支出值与计划目标值比较；发现偏差，分析产生偏差的原因，采取纠偏措施；对工程施工过程中的投资支出做好分析与预测，及时分析解决项目投资控制及其存在问题。

4）工程投资控制的合同和信息措施

技术条款中应尽量详细写明包含或不包含哪些工作内容，尽量避免计量过程中产生分歧；合同工期条款中应明确写明日历天数，确定具体开工日期。对工期顺延的条件加以注明；合同价以及调整的条件和方式要依据本项目加以详细约定；违约处理条款应详细说明违约的赔偿规定和实施方法。

7.4　生活扶贫道路

小磨高速公路周边各民族众多，混住着傣族、哈尼族、布朗族、佤族等十几个民族，由于以往交通不便，区域内丰富的自然和民族文化资源得不到有效开发利用，造成经济社会发展缓慢、经济基础薄弱，该区域还被纳入滇西边境山区集中连片特困地区，是全国扶贫攻坚战的主战场。

为此，云南交投利用小磨高速公路34km（总施工便道共70多km）的施工便道，将其修整改造，打造成水泥路，方便周边村民通行（图7.4-1）。摆脱了"雨天泥泞，晴天坎坷"的路况，极大地缩短了行程，受到了当地村民一致好评。小磨公路的开通解决了制约贫困的头号因素，交通基础条件的改善促进地区产业向外拓展，使经济、资源、产业和人口向区域不断集聚，通过市场的拉动，吸引外来资金和技术，优化完善具有本地特色的支柱产业，成为连接各地区的经济增长轴，带动区域经济的发展，提高了周边人民的经济生活水平，为精准扶贫工作带来很大的助力。

图 7.4-1　利用施工便道建设的扶贫道路

> 古语云："兵马未动、粮草先行"
> 为了实现小磨高速目标，科技必须先行

第 8 章 创新驱动 示范引领

8.1 科技创新

施工过程中，项目组遇到了一些现行规范没有明确的难题，如既有桥梁加固维修后质量如何检验评定、左右幅距离较长且坡度较陡的隧道逃生通道如何保障安全、新老护栏如何安全搭接、服务区垃圾如何及时处理等。项目组通过开展一系列探索，有效解决了问题，形成了一些指南，可为同类型工程提供借鉴。

通过开展以既有公路构造物在改扩建高速公路中利用的关键技术为代表的研究工作，编写完成《公路桥梁加固维修质量检验评定标准》以及《既有公路构造物利用后的交竣工验收指南》（图 8.1-1）。

2019 年 3 月 30 日至 31 日，中国公路学会在北京组织召开了云南交投集团小磨高速公路改扩建工程建设指挥部 6 个项目成果评价会。与会专家一致认为"既有公路构造物在改扩建高速公路中利用的关键技术研究"项目很好地解决了一般等级公路高速化改扩建工程中，既有桥、隧利用的安全性、耐久性评价方法问题与结构性能提升技术难题，提供既有路、桥、隧等结构物利用的交竣工验收标准，形成一般等级公路改扩建高速公路既有桥隧利用的维修改造工法，为我国类似工程建设提供技术支撑。增建半幅高速公路是低等级公路改扩建为高速公路的一种方式。"增建半幅高速公路工程隧道人行横向通道及防灾救援技术研究"项目较好地解决了既有隧道+增建隧道之间由于高差大、间距大等问题，使得横通道设置难以满足坡度、间距等规范要求，增建隧道+既有路基及既有隧道+增建路基两种情况下独立单洞隧道逃生通道又没有相关的设计标准等问题，具有很高的推广价值。

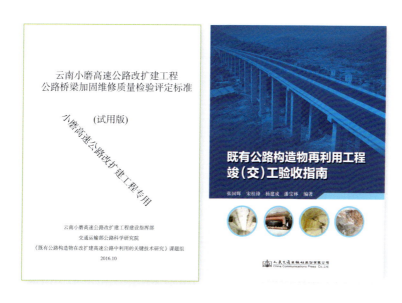

图 8.1-1　评定标准及交竣工验收指南

（1）山区高速公路改扩建工程桥隧关键技术及资源节约利用研究与工程应用项目提出基于硅烷浸渍及水泥基结晶渗透涂层的新旧构造物耐久性匹配设计原则，形成了热带雨林地区既有桥梁混凝土碳化耐久性年限计算方法。研发了中小跨径梁桥加固用新型钢丝预应力体系，形成了定型化标准图纸。建立了大高差双洞隧道长横通道火灾烟气扩散速度与通风风速、着火点、横通道斜率的关系。提出了基于合格率法的公路桥梁维修加固工程质量验收评定标准。

经济效益方面，提升了既有利用结构物的利用合理性与质量，通过对既有桥梁技术状况评估，进行耐久性和承载能力提升，减少新建结构物工程量，提升维修加固工程质量，节约 3000 万元。通过实施标准化维修处治技术和标准化工法的应用，相对于原有处治技术，小磨路大概 5 座桥梁处治费用可节约 4500 万元。通过对既有隧道技术状况评估，进行耐久性提升，减少隧道结构改造处治工程量，可减少3座隧道的结构改造处治，可节约1500万元。

社会意义方面，项目保证了依托工程大量既有结构物利用的耐久性和安全性。研究成果可被借鉴或直接应用于其他公路改扩建工程，具有广阔的产业化前景。研究形成的技术指南，可进一步完善形成行业标准或为行业标准编制提供基础支撑，有助于推动行业技术进步。安全性评价与耐久性提升技术的应用，可以利用既有结构物的升级改造，避免大量混凝土结构拆、建工程量，大量减少资源消耗和环境污染。耐久性评价与提升技术的应用，可以延长既有结构物的使用寿命，减少废弃物和资源浪费，符合当前国家倡导的"创新""绿色""低碳环保"的发展理念，环境效益巨大。

项目编制了《既有公路构造物在改扩建高速公路中利用技术指南》《既有公路构造物再利用工程交竣工验收指南》等2项指南，取得了《一种锚固系统的施工方法》《一种竖向位移测量装置及其校准方法》《一种锚固板及锚固系统》《一种预应力钢丝锚固系统》《一种广泛适应于多点动挠度校准的可拆卸系统》《一种光电式桥梁挠度仪校准装置》等6项专利（发明专利2项），同时项目成果已在云南小磨高速公路改扩建工程各标段238座桥梁、29座隧道设计、施工及云南保山东风桥工程中得到成功应用，取得了显著的社会经济及环境效益，具有良好的推广应用价值。项目研究成果在专家评审中，被一致认定为达到了国际领先水平。

（2）山区公路桥路过渡段预防性养护与处治技术研究项目针对山区公路桥路过渡段在高填方路堤、软土地基、填挖交变等条件下易出现差异沉降而导致的"桥头跳车"问题，采用现场调研、理论计算、仿真分析和模型试验等手段，研究了桥路过渡段差异沉降长期监测技术、新型桥头搭板及其设计方法、应用波纹钢管处治桥路过渡段差异性沉降技术以及有搭板和无搭板桥路过渡段预防性养护技术，提出减小差异沉降或延缓其出现年限的处治与预防性养护技术体系，改善了桥路过渡段的行车安全性、舒适性和耐用性，提升了公路基础设施的服务品质。

项目紧密结合桥梁工程实际，通过对山区公路桥路过渡段差异沉降的总结分析，针对性地提出预防性养护技术，对于改善桥路过渡段平顺性、提升工程品质和服务功能具有重要意义，社会效益巨大。

项目研究获得发明专利《桥台台背填土内嵌式刚性透水板》1项和实用新型专利《防止桥梁台背填土脱空的预防性处治装置》1项，研究成果在云南小磨高速公路改扩建工程中得到了成功应用，有力支撑了改扩建工程顺利实施，取得了显著的经济效益；研究成果也可被借鉴或直接应用于其他桥路过渡段的养护和处治，具有广阔的产业化前景。项目研究成果在专家评审中，被一致认定为达到了国际先进水平。

（3）热带雨林地区高速公路交通安全保障交通工程技术研究与示范项目依托小磨高速公路改扩建工程，通过现场调查、室内外试验、理论分析和实体工程验证等手段，研究了适用于热带雨林地区的高亮广角雨夜反光标线、智能控制主动发光标志、雾区行车安全智能诱导设施、新式HA级桥梁组合式护栏结构等内容，解决了热带雨林雨雾环境下，标志标线视认性不足，雾区行车安全诱导效果不佳的问题，有效提升了小磨高速公路的行车安全水平。

通过项目的实施，可有效降低工程建设成本。新材料高亮广角雨夜反光标线技术指标优于现有国内外普通反光道路交通标线及立面标记产品两倍以上。与目前国内外市售同种类普通反光标线施划成本相比较，高亮广角雨夜道路交通反光标线施划成本增加量控制在30元$/m^2$以下。高亮广角雨夜立面反光标记新材料施划成本低于粘贴反光膜作为立面反光标记的成本。

另外，项目所研究的无缝防护理念以及桥梁和路基过渡段护栏设置方法与产品，对于提升我国山区高速公路交通安全防护能力、降低事故严重程度具有重大指导意义。项目所研究的高亮广角雨夜反光标线、新型雾区智能控制主动发光标志、行车安全智能诱导技术与设施，实现了对雾区高速公路车辆行驶的安全诱导，有效的降低在浓雾、短时强降雨等低能见度特殊天气情况下的车辆行驶安全隐患。

项目研究成果已成功应用于小磨高速公路改扩建工程，编制了《云南热带雨林地区高速公路交通安全保障设施设置技术指南》，取得了发明专利《雨夜道路交通反光标线逆反射亮度系数测试方法》《行车诱导装置、方法及系统》2项和实用新型专利《隧道内安全车距智能警示系统》《一种桥梁护栏》2项。社会经济效益显著，推广应用前景广阔。项目研究成果在专家评审中，被一致认定为达到了国际先进水平。

项目通过理论研究、数值分析、现场试验和实体工程验证等手段，针对增建半幅高速公路隧道人行横向通道及防灾救援技术开展了系统深入的研究，取得了3项突破性成果：

①公路隧道内发生火灾时人群利用不同间距、坡度和坡长的横向人行疏散通道逃生时逃生时间的计算方法：利用此方法，可直接计算隧道发生火灾时，避难人群利用大间距、大坡度及长坡长横向人行疏散通道进行逃生的时间，为合理确定隧道中横向疏散通道的间距、坡度及坡长等关键设计参数提供依据。

②公路隧道大间距、大坡度和长坡横向疏散设施的设置方法：此成果给出了增建半幅高速公路隧道横向疏散通道的设置方法，其中包括通道间距、坡度、坡长及通道内通风照明等辅助设施的设计方法及设计原则，该成果可直接指导增建半幅高速公路隧道横向疏散通道的设计，有效提高隧道安全运营水平。

③首次提出了公路隧道独立避难室建筑形式、规模、设置间距、过渡室面积等关键参数，填补了国内相关技术空白，为今后公路隧道避难室的设计提供理论依据。

该项目研究成果成功应用于南贡山隧道（3730m）与藤篾山隧道（3385m）工程中，其中公路隧道内发生火灾时人群利用不同间距、坡度和坡长的横向人行疏散通道逃生时逃生时间的计算方法和公路隧道大间距、大坡度和长坡横向疏散设施的设置方法给出了增建半幅高速公路隧道横向疏散通道的设置方法，直接指导了南贡山隧道1号人行横向疏散通道及藤篾山隧道1号和2号人行横向通道的设计，并通过现场火灾试验验证了发生火灾时，人行横向通道的人员疏散安全可靠性（图8.1-2）。公路隧道独立避难室建筑形式、规模、设置间距、过渡室面积等关键参数用于南贡山隧道与藤篾山隧道横向疏散设施的设计比选，为最终疏散形式的确定提供了依据，有效地保障了南贡山隧道与藤篾山隧道的运营安全，带来间接社会及经济效益600万元。

项目研究编制了《增建半幅高速公路工程隧道人行横向疏散设施及紧急避难室设计指南》，取得了实用新型专利《一种公路隧道临时避难室》《一种隧道火灾逃生避难室》2项。社会经济效益显著，推广应用前景广阔。项目研究成果在专家评审中，被一致认定为达到了国际领先水平。

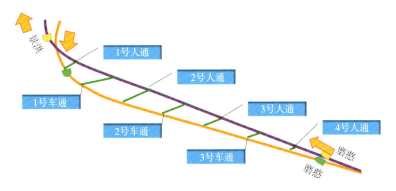

图 8.1-2 隧道人行通道设计示意图

（4）热带雨林地区全强风化岩质边坡失稳机理与工程处治技术研究项目针对热带雨林地区高速公路建设中的边坡稳定性问题，通过室内试验、工程类比、钻孔过程 DPM 监测以及岩体抗剪强度反分析等综合研究手段，提出了基于钻孔过程监测的全强风化岩体不同演化阶段抗剪强度参数辨识方法，解决了全强风化岩体抗剪强度难于确定的难题，得到了全强风化岩体不同演化阶段的抗剪强度参数，为边坡设计提供了依据；通过离心模型试验和数值模拟揭示了工程扰动和降雨作用下全强风化岩质边坡失稳机理，通过边坡主动加固和被动加固对比显示了抗滑桩主动加固的有效性，表明支护结构和截排水的组合作用是提高边坡稳定性的必要手段；提出了考虑岩体抗剪强度演化阶段的边坡主动加固设计方法和工程处治、生态恢复相结合的综合处治技术，能充分利用岩体自身强度，降低工程处治费用，维护生态环境，通过现场监测表明综合处治技术取得了良好的效果。

项目研究成果应用于小磨高速公路、景海高速公路全强风化岩质边坡设计和施工全过程，保证了边坡施工安全，为边坡优化设计提供了理论依据，降低了边坡工程费用，节约了工期，同时大大提升了公路景观。通过该项目的实施，边坡累积节约工程经费 2000 余万元。

通过本项研究成果的应用，最大限度避免了小磨高速公路和景海高速公路建设中全强风化岩质边坡失稳灾害发生，提升了公路建设与运营安全度；确保了物流畅通与当地经济建设的发展，使当地的物资运输和资源开发得到有效保障；促进了地区旅游业的发展，带动了当地第三产业的发展，提高了当地居民的生活质量。

项目取得了实用新型专利《一种模拟岩石遇水软化的试验装置极其试验系统》1项，软件著作权3项，发表论文10篇（其中SCI论文3篇，EI论文2篇，核心期刊论文5篇），研究成果在云南小磨高速公路改扩建工程和景海高速公路等工程中取得成功应用，经济社会效益显著，推广应用前景良好。项目研究成果在专家评审中，被一致认定为达到了国际先进水平。

（5）热带雨林公路建设生态保护技术集成与公路景观品质提升及工程应用项目充分利用恢复生态学原理、水土保持原理、宫胁法原理、土地复垦原理、土壤改良原理、景观生态学原理，通过改善坡面生境，重建坡面水生态系统、土壤生态系统和植被群落生态系统，就地取材，采用低碳材料，实现三大系统的耦合与重建，实现高速公路边坡原生态、低碳生态修复。

经济效益方面，项目中的技术与喷播技术相比，成本低、施工方便。边坡生态恢复的可持续性好，后期养护成本低。通过对热带雨林地区公路建设生态保护技术集成与公路景观品质提升及工程应用的研究与示范，小磨高速公路生态环境得到全面修复，有效缓解建设期和运营期的水土流失状况，路域全线环境和景观质量明显提升，恢复了公路建设与周边环境的生态系统服务功能。循环利用公路建设废弃绿色低碳材料，并保证了该绿化材料与自然的完全融合，提高了植被的可持续演替能力和土壤生态系统的服务功能和可持续性。通过改善交通生态安全，实现交通旅游，可带动旅游业的发展，增加旅游业收入。公路景观品质的提升，提高了旅游接待规模和档次，增加了旅游从业人员。

社会意义方面，带动了周边城镇、村落的经济社会发展，有益于全面建成小康社会，维护边疆少数民族地区安定团结。推动了公路生态治理科技进步，通过试验示范，培养了一批公路科技人才，提高了云南省公路生态治理的科技水平。践行"两山"理论、实现生态治理发展提供可借鉴的示范作用。通过试验示范，进一步增强生态责任意识，重视生态建设，自觉践行绿色生产生活方式，形成全社会共治、共管、共享的生态文明新格局，实现人与自然和谐发展。

项目研究成果在云南小磨高速公路改扩建等工程中取得了成功应用，项目取得了发明专利《一种岩石边坡的低碳生态防护系统》1 项，实用新型专利《一种岩石边坡的低碳生态防护系统》《一种免烧椰丝基材砖》2 项。社会经济和环境效益显著，推广应用前景广阔。项目研究成果在专家评审中，被一致认定为达到了国际先进水平。

8.2 品牌效应

8.2.1 "交投"形象

充分利用好国际大通道和通关出境的背景优势，大力宣传"云南交投、雨林高速"的利好形象，在项目建设重要节点，积极向省级报刊、电视台投稿，并协调主流媒体宣传报道项目建设情况，中央电视台、《人民日报》《中国经济导报》《中国交通年鉴》《云南日报》、云南电视台等省级以上媒体先后刊登项目建设通讯、简讯 11 篇、电视台播出新闻 9 条。圆满完成由 80 多人组成的老挝代表团考察参观小磨高速公路的接待工作，获得了老挝代表团的一致好评；由指挥部自编自导自演的《穿越雨林连通中外》微视频在央视新闻频道播报，《轻轻走过雨林的路》微电影荣获交通运输部组织的"砥砺奋进·交通先行"全国交通运输行业微视频大赛"优秀奖"，增强了云南交投的影响力和感召力，传播了云南交通行业正能量。

8.2.2 国内交流

指挥部十分珍惜交通运输部给予的绿色公路建设经验汇报、交流机会，分别于 2017 年 6 月和 10 月在北京和青岛向全国同行汇报小磨项目绿色公路建设情况，并与参会代表深入交流，积极拓展视野，学习先进经验，促进本项目绿色公路建设工作向好发展。

8.2.3 国际交流

2017 年 2 月，中国—东盟环境保护合作中心、世界自然基金会、对外经济贸易大学专家一行到西双版纳州进行调研。调研组认为，小磨高速公路建设项目环保工作卓有成效，可作为重大项目建设环保工作可持续发展的示范。2017年9月，项目通车前中国云南—老挝北部合作工作组到访建设现场，指挥部向客人作了汇报，获得一致好评。指挥部作为中国公路行业特邀代表分别于2017年3月、10月，2018年3月、10月受邀到北京、昆明参加了澜沧江—湄公河国家水质监测能力建设研讨会等相关会议，向与会东盟各国汇报交流小磨高速公路建设经验。会上，指挥部向各方代表阐明绿色理念及相关经验做法，获得保护国际基金会的赞许——"我没有想到你们会把高速公路做得如此精细"。结合目前云南交投集团走出去战略总体部署，交流过程中他们疑虑我们的标准低，我们就拿日本、欧洲、美国等的公路建设标准、环境保护标准和我国的进行对比；在宣传我国标准的同时，打消他们的疑虑，树立我们的品牌。2018年底，指挥部受环保部邀请，成为GEF—7国际水域项目"澜沧江—湄公河流域保护重要淡水生态系统及优化淡水服务成果区域合作单位，为可持续基础设施能力建设与示范提供场地、人力、技术支持（图8.2-1）。

图8.2-1　澜沧江—湄公河国家水质监测能力建设研讨会暨澜沧江—湄公河环境合作战略编制研讨会

8.3　国际示范

小磨高速公路是云南建设的国际大通道昆明—曼谷通道上的重要一段，一端连接磨憨口岸，磨憨口岸是我国通往老挝唯一的国家级陆路口岸及通向东南亚最便捷的陆路通道，也是澜沧江—湄公河区域合作的主体通道之一和建设中国东盟自由贸易区的最佳结合部。从磨憨口岸出境经老挝可直抵泰国、越南、柬埔寨等国，是我国通往东南亚各国最大的陆路通道。随着小磨高速公路的建成，昆明至磨憨口岸将实现全程高速化，基础施工、配套功能不断完善。人流、物流聚集效应日趋明显的磨憨口岸，将成为我国加强与东盟国家联系，实现"一带一路"计划的咽喉要地。

  云南省地处我国西南边陲，拥有多个重要的港口，是我国面向东南亚和南亚国家开展经贸合作的主要省份之一。同时，中国—东盟自由贸易区的建立将给西双版纳州带来历史性的发展机遇。由于独特的区位优势，西双版纳州成为中国西南的重要门户和中国连接东盟的桥梁。小磨高速公路则承担着与东盟贸易往来的重要责任。小磨公路的开通大大改善了其交通条件，提升了其区位优势，促进了我国与东盟国家的产品流通，带动了多个国家的经济发展，加强了东盟对我国经济贸易的依赖性，提高了我国在国际上的经济地位。同时，小磨高速公路的建设也对他国公路的建设起到引领示范作用。

路绕山转，山绕水转，路转峰回
自驾在小磨高速上，犹如畅游在碧绿的林海画卷中

第9章 绿色画卷 亮点频现

9.1 绿之源

源头入手，设计先行，绿色设计助推绿色小磨。

小磨高速公路，线形曲化，顺适地势地形，与大自然完美融合，这条绚丽的绿色画卷，从设计这个"源头"开始就具有"绿"的底气。

9.1.1 旧路新生 廊道集约

紧扣改建特点，践行绿色理念。经过灵活设计处理，对原有二级公路进行了100%的利用（图9.1-1）。

图 9.1-1 充分利用既有廊道，旧路得以新生

9.1.2　新老并举　路畅人和

通过"两控三新七辫九分十拓"设计措施，实现了充分利用老路资源，做到新建幅与既有幅指标连续、均衡、统一（图9.1-2）。

图 9.1-2　新老路"扭麻花"减少新建工程对既有幅的影响

9.1.3　生态选线　人地和谐

坚持"宁桥不填，宁隧不挖"的原则，充分开展生态选线，有效保护了珍稀动物、显著减少工程用地，并且规避了多处环境敏感点（图9.1-3、图9.1-4）。

图 9.1-3　宁桥不填

图 9.1-4　宁隧不挖

最大限度利用房建设施是节约资源耗用、降低工程对环境扰动、减少污染排放的重要手段（图 9.1-5）。

对既有桥隧进行安全检测，全线利用既有桥梁 196 座，既有桥梁 26 座，既有桥隧占全线总座数的 45% 以上（图 9.1-6）。

图 9.1-5　利用既有房建设施

图 9.1-6　利用既有桥梁

9.2　绿之道

自进场以来，小磨高速公路建设中始终贯彻"不破坏就是最大的保护"的施工理念，尊重自然，回归自然，尽量减少人工痕迹。

9.2.1　质量优良　绿色根本

工匠建设，过程严控，是最重要、最有效的绿色手段（图 9.2-1、图 9.2-2）。

图 9.2-1　精细施工

图 9.2-2　工匠建设

9.2.2　生态保护　永恒主题

生态保护涉及方方面面，分别从隧道零开挖、古树保护、原有公路绿化物利用、表土收集、边坡修复、排水系统、野生动物保护、环保水保等 8 个细节进行管控。隧道零开挖是对植被最直观的保护。

植物保护。遵循"零开挖"建设理念，减少对洞口上方及周围土体的开挖扰动，在必要区段增加隧道长度，保护周围植被，如图 9.2-3 所示。

图 9.2-3　隧道洞口"零开挖"

名木古树保护。小磨高速公路沿线古树名木很多，仅红线范围内树龄达百年以上的就有数十株，通过采取避让、防护、移栽等针对性措施，实现对全线古树100%的原址保护，如图9.2-4所示。

图9.2-4　改移线位，原地保护古树名木

原有公路绿化物利用。将受影响的原有公路珍稀植物4500株全部移栽保护（图9.2-5、图9.2-6）。

图9.2-5　采取工程措施保护边坡古树

图 9.2-6　珍稀植物移栽至苗圃

边坡修复。遵循分类修复原则，对每一个边坡都制定了专门的绿化方案，修复过程中严格执行"开挖一级、防护一级、绿化一级"，最大限度减少坡面裸露时间，实现环境效益最大化（图 9.2-7）。

图 9.2-7　边坡"开挖一级、防护一级、绿化一级"

野生动物保护。野生亚洲象是西双版纳最受关注的保护动物，小磨高速公路建设中高度重视，采取了预留通道、加强宣传等措施强化野象保护。

9.2.3　资源节约　集约高效

大力推进永临用地结合，减少临时用地，通过减少开挖、减少修建便道等手段，实现 60% 以上的临时设施建设在永久用地范围内（图 9.2-8）。

图 9.2-8　梁场与施工便道集约利用

工程建设将已有的废旧竹片、废旧模板和椰丝毯都在边坡修复中得到有效应用（图 9.2-9）。

图 9.2-9　废旧竹片用于边坡修复

将原二级小磨公路拆除的波形护栏和立柱用于辅道、地方改移道路，总利用长度超过 16km（图 9.2-10）。

图 9.2-10　既有波形护栏利用

9.2.4　环境协调　服务提升

对既有的傣寨观景台、罗梭江观景台进行了改造提升和景观营造，为过往人员亲近雨林风光，领略傣乡风情，感受绿色小磨营造了自然、怡人的良好观景氛围（图 9.2-11、图 9.2-12）。

图 9.2-11　傣寨观景台鸟瞰图

图 9.2-12 罗梭江观景台鸟瞰图

9.3 绿之韵

9.3.1 民族文化走廊

就地取材，参照当地民族文化元素和民居建筑风格建设休息站，体现自然、实用、美观的效果（图 9.3-1）。

图 9.3-1 民族元素的景观亭

9.3.2 绿色观光走廊

"俗则屏之、嘉则收之"。采取疏林草地景观营造、低矮灌木沿匝道种植方式，科学搭配植物种类，谱写出绿海神韵（图9.3-2）。

图 9.3-2　绿色观光走廊

隧道口以削竹式洞门为主，减少土方开挖，借助洞顶区域和洞口三角地带进行自然景观设计，实现洞口景观与自然环境的良好融合（图9.3-3）。

图 9.3-3　削竹式隧道洞口

将高速公路轻轻地放到森林中，打造浑然天成，融为一体的路域景观，是小磨人不懈的追求。

9.3.3 平安和谐走廊

不断延伸的小磨高速公路犹如优美的彩带，青翠欲滴的橡胶林、香蕉林尽收眼底，山间云雾缭绕，山谷象音响彻，淡淡茶香弥漫在空气中（图9.3-4）。

图 9.3-4　平安和谐走廊

9.3.4　交通扶贫走廊

云南交投利用小磨高速公路34km（总施工便道共70多公里）的施工便道，将其经过修整改造，打造成水泥路，彻底改变了"雨天泥泞，晴天坎坷"的路况，极大地缩短了当地村民的行程（图9.3-5）。

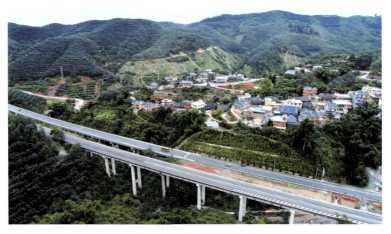

图 9.3-5　交通扶贫走廊

9.4 绿之情

9.4.1 精心组织　坚强领导

小磨指挥部组建之初就要求全体员工满怀敬畏自然之心、担起保护热带雨林之责。一路走来，他们见证了绿色公路理念结出的硕果——将公路轻轻放到雨林之中，让桥梁缓缓从大地生长出来（图9.4-1）。

图 9.4-1　现场指导

9.4.2 小处入手　细处打磨

路纵万里，奉献点滴。奋战在小磨一线的筑路人，是与公路、桥梁、隧道并肩而行的人，正是他们攻坚克难，凝心聚力，孜孜不倦的付出，才有了充满异域风情的小磨公路（图9.4-2、图9.4-3）。

图 9.4-2　奋战在小磨一线的筑路人

小磨高速公路凝聚着筑路人的梦想与执着，承载着云南人民的祝福与心愿。

图 9.4-3　小处着手细致打磨

9.5　绿之彩

9.5.1　小磨银龙穿雨林

从高处俯瞰，小磨高速公路像一条银色长龙，蜿蜒于莽莽热带雨林中，优美的线形让人赞叹不已（图 9.5-1）。

图 9.5-1　银龙穿雨林

高速公路与茫茫雨林融为一体，林隙中不时可以看到傣家竹楼、田地、茶林、路景、风景相得益彰，美不胜收，让人流连忘返。

9.5.2 树青花香傣乡情

以傣族为主题的少数民族风情独特，拥有众多历史遗址、佛塔、亭井、佛寺，偶尔可见具有代表性的民居和村寨，构成了小磨高速公路独特而多样的人文景观（图9.5-2）。

图 9.5-2　傣乡情

9.5.3 水秀山绿小磨美

小磨高速公路在青山中蜿蜒盘旋，青山上植被茂盛，处处云雾缭绕，如梦似幻让人向往（图9.5-3）。

图 9.5-3　在云雾中盘旋

做到了人与自然、人与社会、人与路、车与路的相融相生，行驶在小磨高速公路上，你会真切感受到绿色公路的本质和使命（图9.5-4）。

图9.5-4　与自然和谐共生

9.6　绿之语

打造品牌成果共享，宣传是最广泛、最实用的绿色推广（图9.6-1~图9.6-5）。

图9.6-1　形象打造——张国辉指挥长接受采访宣传小磨绿色公路理念

第 9 章 绿色画卷 亮点频现

图 9.6-2 国际宣传——张国辉指挥长在澜沧江—湄公河环境合作战略编制研讨会上介绍小磨绿色公路经验

图 9.6-3 张国辉指挥长介绍小磨公路绿色理念

图 9.6-4 国际宣传——在澜沧江—湄公河环境合作圆桌对话中介绍小磨绿色公路经验

图 9.6-5 经验推广——新时期绿色公路研讨会介绍小磨绿色公路经验

169

结 语

小磨高速公路从设计、施工到运营取得的成果可归纳为"443721",即:4个坚守、4个衔接、3个填补、7个提升、2个开启、1个推广。

4个坚守:坚守最大限度挖掘既有设施利用潜力、坚守既有工程利用率最大化、坚守既有设施利用安全保障、坚守严格把控既有设施改扩的程度。

4个衔接:新旧设计施工规范衔接、新旧建设理念衔接、新建和既有工程功能转化衔接、通行规则与行车习惯转换衔接。

3个填补:填补单洞长隧道逃生通道设置规范空白、填补大高差双洞隧道车行人行通道设置规范空白、填补大间距分离式路基设计空白。

7个提升:提升山区公路设计整体思维水平、提升既有设施交通潜力、提升灵活设计管理水平、提升通道通行能力和服务水平、提升路域环境整治观念、提升设计施工管理融合水平、提升创造性资源利用思维。

2个开启:开启公路美学探索摸索、开启公路美学改扩建经验的提炼。

1个推广:为以后类似工程提供可复制可推广的小磨经验。

小磨高速公路建设始终贯彻绿色发展理念,最大限度地保护自然生态环境、促进区内旅游资源开发、弘扬民族文化、展现民族风貌、提高公路品质。通过全体参建人员的共同努力,将小磨高速公路打造成了一条名副其实的热带雨林区高速公路改扩建示范路。

参 考 文 献

［1］王珏.曼昆国际大通道思茅—小勐养高速公路建设丛书：生态公路探索与实践［M］.北京：人民交通出版社，2007.

［2］沈涛，刘长兵.生态公路建设典范——云南小磨公路［M］.北京：人民交通出版社，2012.

［3］徐维俊.绿色公路理念在改扩建工程中的应用［J］.北方交通，2018，300（04）：119-121+125.

［4］刘杰.绿色公路的瓶颈分析与管理体系建设［J］.中国公路，2018，518（10）：26-29.

［5］秦晓春，沈毅.关于推进公路交通行业生态文明建设的思考［J］.交通标准化，2014，310（03）：3-6.

［6］姚嘉林，简丽，厉明玉.新时期绿色公路的内涵特征与建设理念［J］.交通世界，2018，467（17）：3-6.

［7］张华君，谢仁建.思小高速公路生态环境影响及防治对策［C］.//2012中国环境科学学会学术年会论文集.北京：中国农业大学出版社，2012.

［8］李培锋.云南小磨公路典型示范工程总结［C］.//中国西部地区公路学会2012年公路科技论文集，北京：中国公路杂志社，2012.

［9］彭云.云南思小高速公路的生态公路文化内涵分析［J］.昆明理工大学学报（社会科学版），2009，56（12）：45-50.

［10］贺岳峰，罗宁波，郑亮.云南思小高速公路生态恢复工程研究［J］.湖南环境生物职业技术学院学报，2009，55（01）：16-19.

［11］张林洪，吴华金，李冰，等.云南小磨公路高速环境美学建设［J］.

科技风，2019，377（09）：125-126.

［12］张国辉，杨汉忠，宋桂锋，等.高速公路边坡植被恢复措施比较［J］.福建林业科技，2018，184（03）：77-81.

［13］赵仁蕊，杨玉婷.小磨高速 用心设计 精心打磨［N］.中国交通报，2018-11-06（008）.

［14］杨汉忠，刘春霞，张国辉，等.一种新型生物基材砖的工艺设计及抗压性能研究［J］.辽宁林业科技，2018，290（04）：12-14+53.